THE

CLASSROOM

MANAGEMENT

SECRET

AND 45 OTHER KEYS TO A

WELL-BEHAVED CLASS

课堂管理的方法

打造优质课堂的45个关键

[美] 迈克尔·林辛 Michael Linsin 著

中国青年出版社

图书在版编目（CIP）数据

课堂管理的方法：打造优质课堂的45个关键 /（美）迈克尔·林辛著；张月佳译.
—北京：中国青年出版社，2023.7
书名原文：The Classroom Management Secret:And 45 Other Keys to a Well–Behaved Class
ISBN 978–7–5153–6967–9

Ⅰ.①课… Ⅱ.①迈…②张… Ⅲ.①课堂教学–教学研究 Ⅳ.①G424.21

中国版本图书馆CIP数据核字（2023）第103779号

课堂管理的方法：打造优质课堂的 45 个关键

作　　者：[美] 迈克尔·林辛
译　　者：张月佳
责任编辑：肖妧嫔
文字编辑：吴亦煊
美术编辑：杜雨萃
出　　版：中国青年出版社
发　　行：北京中青文文化传媒有限公司
电　　话：010–65511272/65516873
公司网址：www.cyb.com.cn
购书网址：zqwts.tmall.com
印　　刷：大厂回族自治县益利印刷有限公司
版　　次：2023年7月第1版
印　　次：2023年7月第1次印刷
开　　本：787mm × 1092mm　　1/16
字　　数：130千字
印　　张：11
京权图字：01–2013–4874
书　　号：ISBN 978–7–5153–6967–9
定　　价：49.00元

目录

CONTENTS

序

课堂管理的秘密

本书中即将揭晓的秘密将彻底颠覆老师们以往的课堂管理方式，这不仅是我的希望，也是我一直所坚持的信仰。因为我相信掌握了这个秘密，老师们就具备了有序地管理课堂、实现自己事业最大价值，以及影响学生一生的能力。

三十多年前，还是高中生的我从英语老师比尔·海德先生那儿学到了这个秘密。当时的我淘气又厌学，是比尔老师改变了我的学习心态，激发出了我的求知欲，是他的课堂点燃了我学习的热情。

其实比尔并没有直接告诉我这个秘密，然而正是他所树立的榜样和创造出的学习环境，以及这一切对我产生的深远影响，给了我课堂管理的灵感。四年的时间，比尔的课堂让我脱胎换骨，这段经历使我萌生了一个伟大的抱负：继承比尔的事业，回报他的厚望，成为一名老师。

这个秘密由两个非常独特的原则组成，简洁明了，通俗易懂，任何人都能够驾驭。但这两个原则似乎都与传统的课堂管理方法相悖，那么这个秘密究竟是什么呢?

以下是我的定义：

老师应创造一个让学生既热爱向往，又能充分履行职责的教学环境。

至于它的具体内容、为何如此有效，以及操作方式，都包含在后面的45个教学方法中。这些方法最初是以博客的形式发表在“智能课堂管理”（smartclassroommanagement.com）博客上的，它们不仅会挑战你的认知、开发你的潜力，还能让你摇身一变，成为影响学生一生的良师益友。

尽管每个方法各司其职，但组合在一起则会事半功倍，因此，我们特意调整了各章节的顺序，希望能够加深读者的理解。每章分别揭示了一个主题、一个理念和一种应对之法，各章节环环相扣，使问题迎刃而解。

在阅读本书的过程中，读者不难发现我始终把学生的成长和快乐放在首位。书中没有任何欺骗、操纵和伤害学生的手段，只有最诚实、最有效，也是对学生最好的教学方法，老师们都能够手到擒来。

课堂管理并不复杂，上课也不是上战场，老师们非但不需要强迫自己唱黑脸扮严肃，也不必每天把自己搞得筋疲力尽。

相反，课堂管理可以给老师带来幸福感和满足感，通过课堂来影响学生的一生，转换他们的视角，这种经历是难忘的、有趣的，也是美好的。正确的课堂管理方法不仅有利于建立师生关系、开展教学，也会给学生带来终身难忘的回忆。

最后我想说，这个秘密曾让我和我有幸教过的学生们受益良多，所以我真诚地希望它能够对你和你的学生有所帮助。

方法 1

开学第一天要保持微笑

标签：课堂管理 开学第一天 微笑

经常有人这样建议老师们：开学的前三个月内绝对不要笑，因为老师的这种示好方式，会被学生当成示弱的表现，他们迟早会利用这一点骑到你头上。

这简直是一派胡言。

诚然，不乏有学生觉得自己的老师好欺负，但这和老师是否友好无关，只有言而无信的老师才会被学生牵着鼻子走。

事实上，微笑是非常有效的课堂管理策略，老师们应该在开学第一天就展露出你们的笑容。原因如下：

微笑可以营造融洽的氛围

微笑是一种无声的信息，向学生们传达出你的期望：在你的课堂上需要的是友好和礼貌。你传递出的微笑，会逐渐带来回报，在这种氛围里学生能够专心地学习，好好地表现，并与同学融洽相处。

微笑可以解除防备，消除敌意

开学第一天学生们难免紧张，特别是平时比较腼腆，需要时间来适应新环境的孩子。这时，一个微笑可以让他们安心，告诉他们一切都会好起来的，这是属于他们的课堂，老师站在他们这一边。

微笑可以让你更受欢迎

老师的受欢迎程度直接决定了课堂管理的效果，而微笑则是提升人气的最行之有效的方法。这并不意味着老师要整天挂着选美小姐一样的笑容，只是提醒大家不要吝惜你们的微笑，随时随地、随心所欲地绽放笑容。

微笑可以建立亲密的师生关系

开学第一天的微笑是建立良好的师生关系的第一步，只有赢得学生的爱戴，你才能与他们建立起真挚的感情，从而影响他们的行为。这种关系绝不是通过强迫就可以建立的（否则学生会对你产生防备）。而你的一个微笑对于学生来说就像蜂蜜对蜜蜂一样有吸引力。

微笑可以留下良好的第一印象

老师在开学第一天板着脸的直接后果，就是在接下来的几个月里要拼命弥补你给学生留下的那个糟糕的第一印象。与其这样，还不如让他们从一开始就站在你这边买你的账呢！表示出友好和欢迎是树立威信的第一步。

微笑可以让学生欣然接受你的高标准、严要求

如果老师渴望学生有出色的表现，必须在一开始就对学生说出来，甚至可以对他们提出要求。而如果开学第一天你微笑着迎接学生，这些要求会更容易被他们所接受，你的高标准、严要求也更容易实现了。

微笑可以帮助你赢得家长的青睐

家长对老师的第一印象是至关重要的，而孩子就是你树立良好形象的关键。试想孩子放学回到家告诉家长自己非常喜欢这个新老师，而且等不及想快点上学见到老师，那么家长不仅会信任你，还会把你的话当成圣旨。

微笑可以提醒你珍惜为人师表的机会

新学期伊始，微笑能够提醒你珍惜再一次任教的机会；提醒你在第一天保持冷静和风度，不要与学生发生激烈的碰撞。

一切始于微笑

冷漠、沉默或者板着脸这些老掉牙的手段对于如今的学生已经不管用了，这会让他们厌倦你的课堂，甚至可能反其道而行之。

在这个时代，老师要想有效地管理课堂，不仅需要用顶礼膜拜式的执着精神来实践教学管理计划，还要拿出同等的努力来创造一个令学生喜爱和向往的学习环境。

这一切始于新学期的第一天。

这一切始于一个微笑。

方法2

开学第一天的7大法宝

标签：课堂管理 开学第一天 法宝

老师必须在新学期第一天就定好基调，因为最初的几个看似微不足道的步骤，却是决定着接下来的新学年是否成功的关键。老师绝不能给学生留下不好的第一印象，绝不能犹豫不决，更不能让学生感到无聊和枯燥。

你可以把这一天当成是接下来整个学年的缩影，换句话说，它代表了你对自己以及整个班级的定位。

无论你是否准备了其他的对策，下列7点绝对是老师给学生留下良好印象的法宝。

1. 微笑

虽然简单，却非常重要，因为微笑是搭建默契、信任的第一步，也是你融入新班级的第一步。只要你的学生喜欢并且信任你，那么管理课堂就是小菜一碟了。微笑可以让学生立刻喜欢上你——并且会越来越喜欢。

2. 步调平稳

如何做到步调平稳呢？首先，声音要冷静而坚定，放慢速度，经常停顿，直到教学效果令你满意为止。这些有效的策略能帮学生养成最初的学习和表现习惯，使得全班更加成熟和专注。

3. 没有规矩不成方圆

新学期第一天的清晨，学生们也急于取悦老师，因此这也是你向他们传达信息的最佳时机，即期望他们每件事都能做到最好，甚至包括最普通的日程规范。你可以多花点时间详细地指导学生每天早上如何走进教室——或者其他任何一条规范。但老师要注意方式，不仅要让练习变得愉快，还要让学生参与其中，不过千万不可放松标准。

4. 讲故事

讲故事本身就是一种教学方式，老师要充分运用这种方式——传达最基本的道理、打开孩子的想象力和好奇心，温暖那些不合群的孩子，等等。讲讲你小时候的趣事或者奇遇，就有可能点燃智慧的火花，也向孩子们传达出这样的信息：你的教室是与众不同、独一无二的。

5. 计划

尽管在接下来的一周里老师会详细地解释课堂管理设计，但在开学第一天要让学生对规则以及惩戒方式有一个大概的认识。原因有两方面：第一，让学生们了解你的底线，计划才能实行。第二，抓住机会，向学生证明你会保护他们不受干扰地享受学习和校园生活。

6. 一堂课

在开学第一天给学生上一堂课，这里不是指书本上的课程，而是通过这种方式告诉学生：在你的课堂上，他们要集中注意力，脚踏实地的学习。你可以任意挑选一件事，然后让学生学习怎样完成这件事，也可以给学生们展示一些特别的、他们从没见过或感受过的东西。只要上好这堂课，就能燃起他们新学年的学习热情。

7. 乐趣必不可少

你要让学生们明白，你对他们的期望不止是学习和课堂表现，来到你的课堂还意味着享受乐趣。在当天的教学中可以穿插些小笑话、增进了解的游戏，或者表示欢迎的小仪式。这些活动是为了建立一个平衡的学习环境，既有勤奋的学习、同窗之谊，还有欢乐。总之，就是打造一个让学生们每天都向往的课堂。

乘风破浪

想要在开学第一天获得成功需要付出相当的努力。如果老师能够利用这个机会留下良好的第一印象，让学生们为之一振，你就会迅速步入“最受欢迎的老师”行列，学生们会迫不及待地来上学，并且使出浑身解数博得你的认可。

至于家长们，有了你这个老师，他们偷笑都来不及呢。

但是像一位精明能干的老船长一样，你心里还有自己的算盘，因为你知道在这样万里无云的大海上顺风而行，你们一定会乘风破浪。

方法3

开学第一天你可能会犯的最大错误

标签：课堂管理 开学第一天 陷阱

老师在开学第一天很可能会掉进一个陷阱，致使学生在接下来一个学年里形成不良的习惯和表现。这不是说大话，的确有许多老师因此陷入课堂管理的泥潭——并且难以翻身。

这个陷阱十分狡猾，它披着无害的外衣伺机潜伏，即使最精明的猎人也难以察觉。大多数老师在毫不知情的情况下就步入了这个精巧的陷阱，直到几周后一盆冷水泼在脸上，他们才幡然醒悟。

到那时他们甚至还不知道自己哪一步走错了。

它来得毫无征兆

开学第一天的清晨，你的新学生来到学校，一切都按照计划进行着，你教会学生怎样走进教室，带领他们做相互认识的游戏，然后开始学习你的课堂管理设计。

在经过了漫长的暑假后，学生们通常都会注意力集中，而且彬彬有礼。你对教学的进展非常满意，如此顺利地进行到下午，学生的表现一如你的预期，你心理暗暗想到：太棒了！今年一定会大获成功的。

随着放学的临近，你带领学生回顾家庭作业，指导他们怎样收拾书包，把椅子归位，静静地排队放学，他们微笑着点头：我喜欢这个新班级！

在放学铃响的前一分钟，你发出指令，让学生开始准备放学。但孩子毕竟是孩子，有一些已经迫不及待地冲到门口排队了，另外一些学生簇拥着你，用渴望的眼神期望能和你分享一两个故事，还有的在课桌边与其他同学聊天。

你提醒跑步的同学放慢脚步，让逗留的同学加快动作，然后和凑过来的同学开会儿玩笑，放学铃一响，你摆摆手让学生们解散，多么美好的一天啊，多么棒的班级啊！

当教室门关上的瞬间，你一屁股坐进椅子里，心满意足地舒了口气，却没有意识到你已经酿成了大错，从此你的学生会逐渐忽略你的指示，打破你定的规矩，表现越来越差。

它来得太快

现在你明白了吗？意识到是什么错误了吗？上述场景中的老师完全沉浸在学生的良好表现中，为第一天的顺利沾沾自喜，于是在最后一刻掉以轻心。

她的学生没有遵循放学的规矩，但因为这并不算什么“坏的表现”，所以老师就放了学生一马，但正是这个细节让许多老师深陷泥潭。

当你无视学生的错误，让他们放任自流的时候，那些看似天真无害的举动,就像从一眼望不到底的高山上滚下来的雪球一样越变越大，再也回不去了。

尽管上述行为本身无害，却在向学生们传达这样一个信息：你并不是言出必行的。这个想法一旦在他们脑子里生根发芽，事情就变得一发不可收拾了。学生们的说话声会渐渐盖过你讲课的声音，他们开始走神、不讲礼貌、不再听从你的指示，这些不良的表现每时每刻都会在你的课堂上演。

为了解决问题，你开始提高说话的音量，并且单独找学生谈心、训话或是批评他们，你变得越来越烦躁，最后学生们会认为你并没有他们想象的那么好。

一切本不至于此

在上述场景中，学生没有按照老师的要求排队放学，这其实是在预料之中的。因为在开学第一天学生们会稍稍试探一下你的底线。而老师正好可以利用这个机会给他们上一堂影响深远的课。

课程内容就是：在这个教室里，你希望他们遵守规定、认真听讲、遵从指示。当老师要求学生每件事都做到最好时，就会把优秀的意识从再平凡不过的小事渗透到方方面面，包括学业、友爱和尊重。

把这一点谨记在心后，让我们重新演练上述场景。一旦老师发现学生没有听从指示，要马上沉默并停下所有动作，不要理会簇拥过来的学生，也不要理会跑步的学生，更不要管那些拖拖拉拉的学生，只是静静地等待。

当所有学生都注意到老师的举动后，他们会逐渐安静下来，停下脚步，意识到自己没有遵守规定，这时老师要吸引学生的注意力，等所有学生都看向她的时候，再告诉他们回到自己的座位。

接着老师迅速地带领学生回顾课堂管理规定（大约30秒的时间），不必长篇大论或者提高声调，示意学生重新做一次就好。如果他们表现得分毫不差，那么在完成后老师要再次停顿，最后感谢学生今天的表现并放学。

问题的根源

追根溯源，问题还是出自老师，只有老师做到言出必行，才有资格要求学生，否则学生凭什么信任你、听你的话，或者受教于你呢？他们只会无视你的存在。

新学期伊始，正是学生们注意力集中，渴望学习知识的时候，因此你一定要抓住机会开个好头。

以后，无论是开学第一天还是最后一天，只要学生们违反了规定，你就要马上制止，吸引他们的注意力，并静静地等待，然后让学生重新来过。每次他们不能达到你的要求时，都如此重复，不久优秀就会成为他们骨子里的一种习惯了。

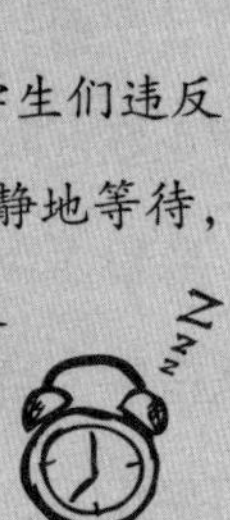

方法4

一个行之有效的课堂管理设计

标签：课堂管理设计 制定

在休·麦克劳德[①]的《保持自我：39个小窍门提高创造力》一书中，他提到，亚伯拉罕·林肯是在借来的工作台上写出著名的盖茨堡演讲[②]的，而海明威总是用同一支钢笔写作，梵高的调色盘上很少超过六种颜色，而麦克劳德本人作为一名艺术家，却在名片背面创作漫画。

他认为创造力和使用什么样的材料、设备没有丝毫的关系。

这个道理同样适用于课堂管理设计，在一块硬纸板上印上一套简单的规则和惩戒措施就足够了。

但是设计本身并不具有影响学生行为的魔力，真正的魔力来自于你为学生营造的教学环境，在吸引学生的同时，老师也要严格遵守这

① 休·麦克劳德（Hugh McLeod），知名卡通漫画家。

② 盖茨堡演讲（Gettysburg Address），亚伯拉罕·林肯最著名的演说，也是美国历史上被引用最多的政治性演说。

些规定以维系学生对你的信任。

因此你不必刻意把计划弄得多么复杂，对于课堂管理设计来说，只要学生愿意遵守就足够了。

课堂管理设计是你和学生之间的约定

课堂管理设计相当于你对学生做出了一项承诺：你会保护他们学习和享受校园生活不被打扰的权利。一旦在班级公布了课堂设计，你就有义务时刻遵守这个约定，否则你就是食言，并会因此失去学生的信任。

课堂管理设计有且只有两个目的：

明确课堂纪律。

明确违纪的惩戒措施。

就是这么简单。有些人建议课堂管理设计应该囊括一套奖励或激励机制。但如果你想彻底改变学生的表现，就绝不能听从这个建议。这种“听话就得到奖励”的方法只能起到暂时的作用，因此比较适合代课老师，而它不会对学生产生长期的影响，也不能帮你打造一个理想的课堂。

我推荐的课堂管理设计

我之所以推荐下面的课堂管理设计是因为：第一，事无巨细的规则可能会在无形之中影响学生的学习乐趣；第二，如果惩戒措施运用得当，也会令学生受益匪浅。无论你在哪儿教学、面对什么样的学生，这个方法都同样有效。

规则：

倾听并遵从指示。

讲话或离开座位前要举手。

管好自己，不要乱动。

尊重老师和同学。

惩戒：

第一次违纪：给予警告。

第二次违纪：隔离处分。

第三次违纪：通知家长。

确保教室内有一两张单独放置的桌子，可以在学生违纪时派上用场。这张桌子不一定要放在角落里或者远离所有同学的位置，只要有一定的距离，能显示出犯错的学生和其他同学的区别，就起到隔离的作用了。这种方法并不是为了羞辱或惩戒学生，而是让学生通过反思认识到自己的错误，渴望回归班集体。

当学生第三次违纪时，老师要写一封简明扼要的信交给家长。信中你只需陈述事实，既不要加入个人观点，也不要在信的最后附上任何愤怒的话语。

惩戒措施只在一天内适用。第二天早上当学生来到学校，不仅能够从前一天的错误中吸取教训，也不会对你抱有任何怨恨，一切都重新开始——学生也得到了改正的机会，他们会努力成长，一天天地超越过去的自己。

小角色，大优待

老师们的一个通病就是会对课堂管理设计期望过高，其实设计本身并不会给学生带来什么动力，它的作用取决于你如何实行这个设计、如何与学生沟通，也取决于你对学生的影响力和他们对班级的喜爱程度。

教室的布置可以是活泼的，充满创意的，但课堂管理设计却不能，在形式上要避免做作和彩色。就连幼儿园的学生都应该知道课堂管理设计是神圣而严肃的，因此它的外观也要以实用为主。

只要准备两张大的海报板或者建筑图纸，一个写上规则，另一个写上惩戒措施就可以了。把它们贴在教室内显眼的位置，让每个走进教室的人一眼就能看到你的规则，也能马上明白在你的课堂上一切都要以学习为主。老师剩下的任务就是尊重与学生间的约定，并履行规则。

方法5

过于强势会让学生产生逆反心理

标签：课堂管理设计 讲解语气

无论是一年级新生入学还是新学年伊始，许多老师在讲解课堂管理规则时态度往往过于强硬，吹胡子瞪眼地对学生提出苛求和警告，就连平常脾气最好的老师也变得咄咄逼人。

尽管他们并不是故意为之，但这种讲授课堂管理规定的方式还是在无形中让学生感到一丝恐惧。

这是因为老师们认为在当今这个年代只有强硬、苛刻、严厉的教学手段才能征服学生。

但这显然是不正确的，恐惧和威胁早已经过时了，如今的学生根本不吃这一套，你不能用铁腕的方法逼迫学生服从你、遵守你制定的规则，甚至听你说的话。

当然你也不妨一试，不过这种方法肯定不会奏效的。原因如下：

它把你和学生分成了敌我两个阵营

当你突然从一个比较可信的领导者变成敌人的时候，就大事不妙了。因此，如果你过于强硬地给学生灌输课堂规则，而不是关注如何教会这些规则，那么没等它们生效，学生们就已经疏远你了。

它会给课堂管理带来负面影响

当你用一种高高在上的态度来传达你的课堂表现预期时，会让学生们产生这样一种想法：课堂管理规则会对他们不利，因此他们必须反抗它。事实上，有效的课堂管理能够给学生和你带来轻松愉快的体验，所以你也应该用轻松愉快的方式来讲解课堂管理规则。

你会因此变得束手束脚

一旦你对学生采用了强硬的手段，那么以后每当学生犯错时，你只有摆出这种态度才能让他们服从，否则学生就会认为你并没有当真。也就是说，如果你已经在学生心里树立了一个强硬的形象，那么当你用一种冷静而友好的姿态来处理他们的错误时，他们会觉得你并不是真的要惩戒他们。

它把你变成了一个“刻薄”的老师

一旦你被打上了“刻薄”的标签，那么接下来的一个学期你都难以摆脱这种形象——除非你找到一个更好的解决办法。令许多老师懊恼的是，不管他们平时如何努力维持随和的形象，只要在处理违纪行为那5%的时间里表现出强势，就会给学生留下一个“刻薄”的印象，并且会失去他们的爱戴。

它会成为你建立师生关系和影响力的绊脚石

我曾听有的老师说不介意学生讨厌他们，就算你真的不在意，可如果学生们不喜欢你，你对他们的影响力也会急转直下，没有了影响力，又何谈课堂管理呢？如此一来你只能继续扮演一个“刻薄”的老师，不断地给学生施压了。

它会让学生产生逆反心理

如果学生发现课堂管理规则非但不能保护他们享受校园生活的权利，反而要剥夺他们的乐趣，那么他们就会使尽浑身解数去反抗它，跟它斗智斗勇。每次你转身的时候学生们就会在你背后捣鬼。

换种方式

如果你把注意力放在通过详细的演示、模拟和实践等方式来讲解课堂规则——而不是强行灌输，那么你不仅可以做回自己，甚至还能够乐在其中。

好消息是，不论是在短期内还是从长远的角度看，这种顺其自然而又充满魅力的讲解方式都是行之有效的。当学生了解了课堂规则的真谛，就会把它当成一个必要并有益的工具，而非当头一棒了。

不论是在开学第一天，还是你觉得需要重新洗牌的时候，这都是你建立理想课堂的第一步，也是把你的课堂变成学生的天堂的第一步。

方法6

用令学生难忘的方式讲解课堂管理规则

标签：课堂管理设计 讲解方法

在开学第一天的各种任务中，讲解课堂管理设计是老师的头等大事，毕竟能否管理好课堂是决定老师成功与否的关键。

把课堂管理规则看成累赘而选择逃避的老师，其课堂管理效果远远比不上把它放在首位的老师，说白了就是课堂管理专家们不仅可以轻而易举地成为好老师，而且也更开心、自信，与学生之间的关系也会更健康。

因此，在简单的开场白之后，你应该直入主题，用一种令学生难忘的方式讲解课堂管理规则，以此告诉他们你期望建立什么样的课堂。方法如下：

清晰

首先请调到高清频道——用清楚明了的方式讲述课堂管理规则，切忌混乱和模糊，对于规则内容不要留下任何一点疑惑，并且关注学生任何一个微小的错误。

热情

学生的动力来自于老师的热情，而不是课程内容本身。鉴于这一点，老师在教授课堂规则时也应如此，让学生看到那个真正的你——那个决心打造一个永远不会平庸、无聊和乏味的优秀课堂的老师。

活力

课堂规则的讲解重在体验。你应该尽可能模拟真实的场景，设法给学生留下深刻的印象。为此，老师必须把这个过程戏剧化，通过生动的模拟，表演出怎样做是遵守规则，怎样做是违反规则，从而让学生充分了解和感受这个过程。老师应手把手地把学生带离误区。

反例

你可以通过举反例来告诫学生哪些是他们最容易犯的错误。比如，坐在任意一个学生的座位上，告诉他们哪些举手、提问的方法是不正确的，或者在课堂上哪些举动是不恰当的，学生们需要亲眼看到和体验到，才能完全理解什么是违纪。

互动

老师应该让学生身体力行地参与到课堂规则的教学中来。例如，安排情景剧角色扮演；或者你扮演学生，学生扮演老师；把学生聚集在你周围，鼓励他们提问，让他们处于主动。毕竟比起老师，学生才是高质量课堂管理的最关键一环和最大受益者。

全面

意外状况会让学生产生困惑和不满，最终导致更多的不良表现。因此老师要确保学生不存在误解，让他们清楚地了解你的底线，否则他们会永远处于不安和不自信的状态，无法放松地享受在你底线以内的自由。

怀疑

保险起见，老师还需要求学生表演提问、起立轮流完成任务的过程，或者模拟在课堂上应如何表现。让他们用行动来展示哪些是正确的，哪些是错误的，以此证明他们真的理解了。根据不同的年级水平，还可以安排默写测试。

教学时间，复习频率

经常有读者发邮件提问：课堂管理规则的教学以多长时间为宜。我认为可以在开学第一周花上一小时或者一天左右来讲解，在此后的三到四周内每周巩固一次就足够了。有的时候只需要花几分钟来复习，或者让学生大声朗读一遍即可，也可以另外找时间重温所有细节。

如果三到四周后，学生已经彻底掌握了规则，你只需要在接下来的一个学期内偶尔复习一遍，当然能够一周复习一次也是再好不过了。

给予足够的重视

只要是老师认为重要的事物，学生总会很买账，因此尽管课堂管理设计对学生来说是一种翻天覆地的转变，但只要你突出它的重要性，学生就会努力去遵守。他们不仅会支持你以及你打造理想课堂的愿望，还会摒弃所有不好的态度和负面的情绪，从此不再对你无礼、反抗和不敬。

每个学生的内心深处都是渴望优秀的，他们都希望体验那种超越自我的感觉，也渴望融入一个独特而优秀的集体，这也是人的本性，而老师要做的就是好好引导学生，把他们带上正轨。

因此在开学第一天乃至第一周，当你生动而详细地给学生描绘理想中课堂的样子时……

你的理想最终会成为现实。

方法7

保持课堂管理规则的公平是最好的选择

标签：课堂管理设计 执行

如果你问一百个老师：坚持课堂管理设计是否重要？你都会得到肯定的答案。但是，了解它的重要性是一回事，而怎样坚持又是另一码事了。

对于课堂管理设计，大多数老师只是做做样子，并没有真的遵守。他们在履行计划的过程中，不是根据具体内容，而是视特定的情况、当时的感受或违规的人来做决定。这就让管理设计的效果不断下滑，直到最后学生和老师都完全无视规则的存在了。

等过了一段时间，老师不得不收拾昔日撒手不管的残局时，会悔不当初地在桌子底下狠狠地踢自己一脚，告诉自己绝不能重蹈覆辙。尽管如此，迟疑的情绪还会悄悄地溜回来，让你恶性循环下去。

要根除这个毛病并不难，不需要动用密集的精神疗法，或者斯金纳条件反射[①]，甚至不需要你拿出重新开始的决心，解决办法就是自信，你要相信：时刻坚持课堂管理设计就是你最好的选择。

下面列出了老师必须贯彻课堂管理设计的原因，只要你时常回顾、牢记它的重要性，并依赖它带来的安全感，你的疑虑就会烟消云散。

这样对学生不公平

当不同的学生违反你制定的规则时，你惩戒了小明，却不惩戒小刚，这对他们来说是非常不公平的。学生会想，“为什么他在课堂上大喊就没事，而我却要受到惩戒？”“到底是为什么？”不管你给出什么样的理由，不管当时情况多么特殊，或犯错的学生性格多么敏感，其他的学生都会想当然地觉得你是个不公平的老师。

这样会引起不满

如果你不能履行课堂管理设计，并对班上的每个同学一视同仁，学生会自然而然地认为你偏心，对你反感。而当你偏爱的学生也和其他同学一样扰乱纪律、影响课堂时，你会感到非常寒心。

这样会使你失去学生的尊重

每当你食言的时候，学生对你的尊重就会大打折扣。这件事给他们的主要教训就是：你不值得依靠，也不是一个他们可以信任的领袖。

---

① 斯金纳条件反射（Skinnerian conditioning），又名操作条件反射，由美国心理学家斯金纳命名，是一种由刺激引起的行为改变。

在他们看来，你和其他那些开空头支票的大人一样，总是一而再，再而三地食言。

这样会使你遭到学生的挑衅

一旦那些最调皮的学生发现你的惩戒时松时紧，他们就会像鲨鱼闻到腥味一样察觉到你的弱点，瞅准时机下手。他们会不断挑战你的底线，摸清你的软肋，以学习来要挟你，直到把你逼疯为止。

这样会导致学生的表现每况愈下

如果学生犯错后不能得到相应的惩戒，他们的礼貌、尊重和友好就会消失殆尽，现在乃至将来都是如此。因此老师不能像鸵鸟一样把头埋进沙子里掩耳盗铃，这是教学中的现实，也是人之常情，我们无力改变。当然反过来也成立：只要学生为自己的错误负责，礼貌、尊重和友好也就悄然而至了。

这样会影响学习

如果你不履行课堂管理设计，那么你就无法保护学生享受学习和校园生活的权利。在课堂上大喊，不经允许就起立，打断老师，窃窃私语，直呼姓名，打闹，无礼，做一些愚蠢的行为——这些都妨害了学生来到学校学习知识的权利，除非你能够履行课堂管理设计，管理好这些调皮捣蛋的问题学生，否则就会影响学习正常进行。

这样会使你永远遭受困扰

如果你对自己制定的课堂管理设计没有百分百的信心，那么你会不自觉地做出一些伤害学生的举动，比如大喊、斥责、挖苦、争论等等。老师一方面不断地控制自己的怒火和情绪，一方面又希望、恳求或者劝说学生好好表现，这样的矛盾和困惑显然无济于事，还可能导致你对自己的职业选择产生质疑。

坚持一个计划

有人会建议：你应该有不同的行为标准，即根据不同的学生和情况以及你个人的意见来调整惩戒策略。

这个理论听起来似乎很有道理，也没准能在学术界赢得青睐，但在真实的课堂上却会带来一场灾难。如果老师根据个人对学生的主观看法、学生具体的违纪行为，以及特殊的情况来采取惩戒措施，那么不仅管不好班级，还会失去学生的尊重。

相反，如果老师精心设计一个课堂管理设计，认真地教授给学生，让他们模拟、实践，并能履行这个管理设计，那么它对所有学生都是公平的，也就不会在老师和学生之间产生不满、摩擦和伤害了。

除了某些学生需要一份个别化教育计划（IEP）以说明其特殊的行为准则外，就其他学生而言，保持课堂管理规则的公平和客观无论对他们、对学业，还是对你的情绪都是最好的选择。

方法8

如何恰当地告知惩戒方式

标签：课堂管理 惩戒方式

当学生违反规定时，老师如何进行惩戒非常关键，这时你的说话方式、说话内容、情绪上的反应，以及肢体语言都将决定你是否能遏制他们的不良行为。

无论老师给予学生警告、隔离处分，还是通知家长的惩戒，关键在于如何让学生不归咎于你，而是自己承担责任。

学生必须感受到犯错带来的负罪感。如果他们没有感到悔恨或渴望改正的决心，那么惩戒就毫无意义了。

下面几条策略可以帮助你在通知学生接受惩戒时，直击他们的内心，让他们反省自己的错误，然后让责任感把他们带回正轨。

告知原因

当学生违反某条班级规定时，你要明确地告诉他们为什么要接受惩戒。比如“珍妮，你讲话之前没有举手示意，违反了第二条班规，所以你得到一次警告。”让学生了解原因可以避免争论、误解，或者推卸责任。

不要把你的想法、观点和评论强加给学生

老师对学生的惩戒不要超出规定的范围，因此你必须克制住自己的长篇大论、斥责以及偏见，这些会引起学生的不满，从而影响他们的责任感发挥作用，使得学生不去反省自己的错误，反而把抱怨和愤怒的矛头指向你。

让学生独自接受隔离处分

在给予某个学生隔离惩戒时，老师不能陪同他们走到隔离区，因为从起立到走进隔离区的过程也是培养学生责任感的重要环节，这昭示着他们的的确确违反了班规的事实，并且你的陪伴会让他们失去动力。

表现得理所当然

老师平静的语气和肢体语言不仅不会影响学生的责任感，而且不会引起你们之间的摩擦。当学生犯错时，大多数老师都会小题大做——愤怒、失望、叹气，或者翻白眼。这些举动让犯错的学生在同学面前颜面扫地，从而开始讨厌你。同时这也可能破坏你们的师生关系。

你要做裁判，而不是法官

裁判的工作是执行规则，而不是调解争端，因此也更容易保持公平、一致和冷静。老师以一个裁判，而非法官的思维来解决问题还可以让学生明白你的惩戒不是因为个人恩怨，你做的一切都是为了保障他们学习和享受校园生活的权利。

维护你的影响力

你对学生的影响力给予了你改变学生的力量，因此你应该避免任何可能威胁影响力的举动——包括大喊、责备、说教、挖苦等等。你只需要告诉学生事实，并且遵从你的课堂计划，然后让他们的责任感来发挥作用。

一切照旧

只要你告诉学生他或她违反了哪条规定，以及相应的惩戒方法，你就可以把注意力收回来，继续完成之前的教学任务了。这样你就只是一个传达者，而责任都转移到学生身上了。这种互动不宜超过10至15秒。

由学生来决定，而不是你

人们总是轻易地忽略和无视一些看似无关紧要的小细节，但它们却可能扭转大局。诚然，你如何让违纪的学生接受惩戒只是课堂管理的一个小部分，或者说是这出戏里的一个小角色，但却不容小觑，需要你拿出奥斯卡影帝或者影后的演技来对待。

无论学生的行为多么令你抓狂，你都要把这个角色演好，因为一旦学生在接受惩戒后对你产生怨言或怨气，那么惩戒就失去意义了。

你必须要让学生明白，他们要为自己的行为付出代价、承担责任。毕竟决定什么时候实行惩戒的不是你，而是他们自己。

方法 9

要不疾不徐地处理学生的错误

标签：课堂管理 处理错误

学生刚一出现犯错的苗头，老师就立即打断，这几乎成为了一种惯例。似乎只要老师反应迅速，就能阻止事态发展得更为严重。当然，这是任何对课堂管理抱有野心的老师的正常反应，就好比一个身心疲惫的警察努力地压住邻里矛盾的星星之火一样，也是在情理之中的。

但你毕竟不是警察，所以也不应该这么急切地采取行动。实际上，过快地卷进麻烦反而是一步臭棋。最好的方法就是在不远处静静观察，直到学生的错误完全显露出来。其原因如下：

这让你成为了旁观者

如果过快地卷进问题中，老师很难理清究竟谁该承担责任，你的困惑成了那些问题学生的福音，这时你听到的全是否认、争论和借口，所以老师最好能亲眼目睹学生违纪的过程。

这会阻止问题升级

老师应该冷静地站在一定的距离外观察学生的行为——同时也要让学生意识到你的存在，这样既能阻止其他同学参与，也可以保证他们的安全，否则老师过早地介入所带来的压力，还可能导致问题升级。

这会尽量少地影响学习

如果老师等待问题自己浮出水面，并目睹发生的一切，就不必为了弄清真相而询问学生，从而节省了时间。掌握了事实以后，老师可以迅速执行惩戒，尽快解决问题。

这让学生有时间反省自己

老师不疾不徐地采取行动也是给学生一个自我反省的机会。实际上，你的观察迫使他们做出选择、意识到自己的错误并承担后果，这比你的督促要有效得多。

这让你保持冷静

老师的介入对于自己和学生来说都是个人行为，在这种情况下，你更容易失控，提高嗓门，说一些令你后悔的话，怒火中烧的你很容易打击学生。反之，如果你先观察，再行动，就更容易控制自己的情绪，从而在不与学生发生摩擦的情况下履行课堂管理设计。

眼神犀利，时刻警惕

老师以一个中立的旁观者的角度来处理学生的错误时，会发现一些奇妙的变化。因为老师用公平、客观的目光注视学生，就好比架着一部摄像机记录他们的一举一动，这会让犯错的学生感到不适，于是也就不想再犯错了。

同时，如果一向贯彻课堂管理规定的老师从不远处观察学生，会让学生感到非常不安，想赶紧改正错误，回到正轨。

随着老师越来越善于发现错误的苗头，然后摆出一副观望的姿态，学生也会越来越难以承受你敏锐、犀利的目光。因为他们明白只要在你的眼皮底下犯错，二话不说，一切按规矩办。

这时他们也只好乖乖地遵守课堂规定了。

方法 10

向学生展示自己独特的一面

标签：课堂管理 个人魅力

传统观念认为老师要有效地管理课堂就必须放弃自己的个性，事实并非如此，老师向学生展示自己独特的一面，充分发挥其个人魅力和生活乐趣，反而会提高课堂管理的效率。

正是老师的性格吸引着学生，让学生乐于倾听、好好表现，如果你是一个古板，沉闷，无趣的人，即使再怎么坚持课堂管理设计，也无济于事。

要记住，魔力并非来自于课堂管理规则本身，而是其他的事物——你的受欢迎程度、与学生间的关系，以及你创造的学习环境——它们赋予了你影响学生的力量。

然而除了自己的密友和家人外，许多老师并不喜欢在人前展示真正的自己，因此下面给出了几条建议，希望可以帮助你超越自我，与学生建立一个更强大、更有影响力的师生关系。

做你自己

老师虽然与学生之间隔了好几代,却反倒可以让你抛开来自年龄、同辈和同事的束缚，在这里你可以不去在意别人的评判，做回真正的自己。

放轻松

学生们总是千方百计地让你卸下防备，好给自己找点乐，因此你不如保持一个放松的心情，讲个故事，跟学生一起大笑，毫不吝惜地展示出你对教学的热情，从而轻松地建立起良好的师生关系。

挺起腰杆

肩膀耷拉着，双手叉腰，外加一声叹息，这些令人丧气的动作会限制你个性的发挥，让你无法成为学生们想要跟随的领导者。而你在学生面前的形象是非常关键的，所以挺起腰杆自信一些，没有什么能打倒你。

全神贯注

老师不用像劳模一样每天加班到很晚，连周末也不放过，也不必铁青着脸殚精竭虑地关心学生的每一点进步，但你必须把注意力放在学生身上，保持清醒、活跃的状态，全神贯注。

保持重心

无论是在教学、互动，还是激励学生的过程中，老师都要不断地提醒自己享受教学带来的快乐，珍惜和学生在一起的每一分钟。因为这才是你工作的重心，至于会议、培训、合作项目等，都是次要的。

参与其中

通过参与学生的游戏或活动，老师不仅可以展示自己的个性，还能轻松地构建师生关系。因此不妨在某一天的休息时间加入他们的四方格游戏或者踢足球活动，你会发现从此学生对你的看法彻底改观了。

拉近距离

在“智能课堂管理”（Smart Classroom Management）博客上，我经常建议老师，不要把学生的违纪行为当成是针对个人的，因为这样会影响你的课堂管理效果，同时也会拉大老师和学生间的距离。而你的个人魅力则可以拉近你们的距离。

展现个人的魅力

老师建立师生关系及影响力的一个简单而自然的方法就是展示个人魅力。那是否意味着你要一直保持很兴奋的状态呢？并不是这样的，重点是要选对时机，但是我认为一个有序、高效的课堂会给老师带来许多快乐。

就在今天早上（本文写于某个周二），当我走进一间正在上数学课的三年级教室时，看到了这样的景象：老师非常放松和愉快，仿佛置身于世外桃源，而学生们则坐得笔直，面带微笑，看起来很开朗。

从走进教室的那一刻起我就知道，这一定是位非常棒的老师，学生们喜欢她，因此不仅课堂表现出色，学习也一年比一年进步。尽管当时正在上课，我还跟学生一起开玩笑，放声大笑，我讲了一个故事，学生们非常可爱地认真倾听，他们给我带来了许多欢乐，能够体验到这个许多老师梦寐以求的课堂真是三生有幸啊！

那么她有什么秘诀吗？其实很简单，就是坚定地执行课堂管理设计，并对学生的表现和学业充满信心。

而她也将个人魅力投射到了教室的各个角落。

方法 11

展示一下你最棒或者最烂的舞姿吧

标签：课堂管理 积极因素

我真诚地希望你能阅读这一篇，如果这个标题能激起你阅读的兴趣，我将不胜感激。这个主题十分特别，希望我能够表达到位。

把笑声带进课堂的主张和我颇有渊源，这反而给我增添了不少压力，仿佛泄露了一个家族世代传承的秘密，或者背叛了过去曾教过的上百个学生的信任和我们之间的联系。

其实，我能够把各种各样的班级调教好，笑也是其中一个功臣。这个方法对你同样适用，因为笑可以融化冰冷的内心，打开封闭的思想，让学生们相亲相爱。

微笑是老师帮助那些调皮、冷漠、害羞和抑郁学生的关键。下面举出了把笑带进课堂的其他原因：

笑会让你赢得学生的欢迎

当你试着给教学、日常规范和活动增加些许幽默时，你在学生中的人气会一路飙升，接着学生会想要围着你、取悦你、了解你。从而让你拥有了影响学生表现的能力。

笑是一种共同的语言

尽管个别学生需要时间来适应新环境，但孩子们无疑都是爱笑的。笑可以打破社会和情感上的隔阂，以及阻碍来自不同背景的学生融入一个温馨班级的束缚，并建立真正的友谊。

笑是一件很简单的事

把笑带进课堂并不需要太多的设计和准备，只要老师勇于尝试。孩子们都喜欢有趣的事物，也很爱笑，所以老师不妨大胆地发挥搞笑精神，讲一两个笑话、展示一下你最棒——或者最烂的舞姿吧！

笑会增加凝聚力

我一直对分组讨论这种形式持怀疑态度，至少不认可分组的意义。讨论非但不能调解不满，反而会加重同学彼此间的反感，并引发更多的抱怨。相反，让小组成员一起大笑并分享一些难忘的时刻，则是抚慰创伤的灵药。

笑可以激励学生好好表现

幽默可以帮助你打造学生向往的课堂，而把班规和幽默结合起来，会对学生产生更大的激励作用。试想一下，哪有学生愿意在同学们开怀大笑时独自待在隔离区呢?

笑能缓解紧张的气氛

许多教室的氛围沉重得让人透不过气，就连站在门外的人都能感受得到。但是笑可以缓解这种紧绷的感觉——放松紧张的心情，安抚抖动的膝盖，把快乐带进教室。

笑能鼓励学生更加勤奋

如果学生喜爱你的课堂，那么你对他们的要求也可以加码，因为他们从你的课堂得到了快乐，自然乐于回报你。这是人的天性使然，毕竟无功不受禄嘛!

笑拉近你与学生的距离

幽默可以增进你与学生的感情，特别是那些不容易接近的学生。当我细数这些年遇到的最棘手的学生们，再回想他们一步步回到正轨的过程时，我觉得幽默感功不可没。

利　器

传统的观念认为老师在课堂中加入幽默，学生就会难以控制。但我认为前提是你的课堂秩序已经非常糟糕了，这时的幽默只会雪上加霜。

而如果你有扎实的课堂管理技巧，幽默就能让你变得更加高效。

这也是课堂管理的利器。

方法 12

课前几分钟是建立师生关系的绝佳时机

标签：课堂管理 课前几分钟 师生关系

你只需要短短的五分钟，就可以增进和学生间的关系。问题是，老师为什么要重视这个关系呢？因为它可以转化为影响学生表现的有力工具——驱使着学生打从心底里想要做好、表现好、取悦你。

而上课铃响的前几分钟是促进师生关系、建立一个自然、信任纽带的绝佳时机。但前提是你要离开讲台行动起来。你必须抛开教案，放弃最后的准备时间以及宝贵的片刻清净。

所以上课前无论学生在哪儿——走廊、操场，还是在教室外排队——你都应该陪在他们身边，聊天、倾听、微笑……或是仅仅看看他们。原因如下：

这是建立师生关系的简单方法

在班级以外的地点陪伴学生，本身就是一种简单、健康的建立师生关系的方法。但切记不要把你的计划、预期和压力带给学生，只要秉着纯粹地想了解学生的心态，做你自己就够了。

这是一个和不善言辞的学生交流的机会

一旦学生适应了你每天早上的陪伴，他们就会靠近你——跟你分享自己的小故事、更加放开自己、越来越爱笑，还会用眼神和你交流。这对于害羞、安静的孩子尤为重要，当他们能在课余时间和你自在地相处后，就会慢慢地放开自己，参与到课堂中来。

你能够向学生证明每天都是一个新的开始

改造问题学生的策略中非常重要的一环就是要让他们明白昨天已经成为历史，你不会再追究过去的错误了。但如果他们不信任你，或者你言行不一致，这个方法也就失效了。因此，如果老师能够在每天早上和学生一起度过轻松难忘的时光，对持怀疑态度的学生尤其具有说服力。

能够让受冷落的学生融入班级

老师绝不能用一些蹩脚的策略强迫其他学生和受冷落的同学交朋友，但你可以做一个播种的园丁，利用课前这段时间让所有同学了解他们，让他们绽放自己个性的光芒。当你和他们聊天时，把其他同学带进对话中，他们就自然而然地交到朋友了。

这能提醒你：教师是一个多么幸福的职业

你对教师这个职业的热爱在你和学生的关系上体现得淋漓尽致，包括你和学生的亲密友谊、欢声笑语、每一句感谢和微笑，以及那些难以磨灭的宝贵片段——都是属于你的回忆。而你和学生相处的时间越长，你对他们的影响也越大，你也会成为一名更优秀的老师，并且更加热爱自己的工作。

做你自己

老师在建立师生关系时最常犯的错误就是操之过急——主导对话、过多地表扬学生，或者讲话声音太大，太过激动。换句话说，就是不够真诚。

想要建立足以影响课堂表现的师生关系，首先要获得学生的认可。所以你应该放轻松，多倾听少倾诉，只负责引导对话的方向，把话语权交给学生。记住你的职责就是陪伴学生，随时待命，在他们需要的时候伸出援手。

另外别忘了最重要的一点：做你自己。

方法 13

不能因为表现好而奖励学生

标签：课堂管理 奖励

作为一名普通教育的任课老师，你不应该用奖励换取学生的优异表现。

短时间内，这种“做到这个就得到那个”的奖励方式的确可以改善学生的课堂表现。比如“身体坐直，集中注意力，每人奖励一张贴纸”，或者“约翰，如果你能做到一整天不打扰邻座的同学，放学后我会给你一个惊喜”。

包括披萨派对、额外的休息、自由时间在内的奖励方式，对于学生个人以及班级整体来说，都不是长久之计，而且会增加课堂管理的难度。

因为，只有培养学生内在动力才能取得真正的进步，所以上述奖励方式还是留给“海洋世界”的饲养员来用吧！

1. 奖励会让好好表现变成一种工作

通常我们只有在完成一个较难的任务时，才会得到奖励，如果老师因为表现好而奖励学生，那么学生会得出这样一个结论：表现好是一件很难做的大事，不然他们为什么会得到奖励呢？这就把表现好变成了学生不得不做的工作，而完成工作理应得到报酬。

2. 奖励会导致特权

如果你奖励表现好的学生，就会让他们产生一种特权意识，即只要达到了你的预期，就应该得到奖励。世上毕竟没有免费的午餐，他们为了你而好好表现、遵守规定，所以你欠他们一个人情。

3. 奖励会打击学生的积极性

因为表现好而得到奖励，会削弱学生作为班级一分子的荣誉感。换句话说，就是给无价之宝贴上了价签。有一类学生，无论老师怎么肯定、奖励或者表扬，他们都无动于衷。那是因为他们的表现是发自内心的，这种强大、根深蒂固的内在动力是无法用价值衡量的。

4. 后患无穷

如果你用奖励给学生的表现贴上了价签，他们就会无休止地向你索取。奖励不仅不是长久之计，它的作用也会随着时间的推移而逐渐减弱。如果你曾用过这种方法，相信你一定深有体会。像额外的休息时间这样一开始让学生雀跃不已的事，不久就会失去吸引力。

最高奖励

对于学生来说，好的表现本身就是一种奖励，因为它给学生带来了自尊、自信和被需要和认可的归属感。

如果为了学生以及整个班级，你想要加强这种归属感，并让学生们乐于好好表现，那么你就应该停止奖励，让学生内心的动力尽情发光发热吧！

因为建立一个学生都喜爱的课堂，不断支持、鼓励和培养学生的内在动力，就是你给他们最好的奖励。

方法 14

教室整洁有序对改善学生表现有奇效

标签：课堂管理 课堂环境

如果教室环境又脏、又乱、又差，不管老师嘴上对学生要求多么严格，学生还是会觉得违纪和半途而废都没什么大不了。因为一个呼吁优秀、勤奋和尊敬的老师，却无法维持一个干净整洁的教学环境，那么你的话对学生根本起不到作用，还不如对着墙上那些陈旧、破烂的装饰品说话呢！

所以不如收拾一下塞得鼓囊囊的盒子、打扫一下脏乱的工作区、整理塞得要溢出来的柜子，清理一下逼仄的走廊和过道，还有讲台上成堆的试卷，和到处散落的材料……让整个教室整洁有序、焕然一新，对改善学生的表现也会有奇效。原因如下：

它体现了庄严的氛围

无论成人还是学生，当走进一间像博物馆般明亮、整洁、有序的教室时，都会小心翼翼地注意自己的一举一动，生怕破坏这个庄严、宁静的学习环境。

它魅力无限

一间有魅力的教室能够吸引学生，使之乐于成为其中的一分子。每个孩子都渴望自己能和“特别”这个词儿联系在一起，而你的教室应该让所有进来的人感受到这一点。

它意味着尊重

教室的环境说明了你对尊重的强调——尊重学习、尊重彼此、尊重物品。老师无需多言，只要学生一走进教室就可以看到、感受到这一点。

它让你成为一个更好、更自信的老师

整洁的教室能给老师以动力，帮你赶走烦躁和挫败的情绪，时刻提醒你：一切尽在你的掌控，你有能力创造理想中的课堂。

它能加强你的影响力

创造一个学生喜爱的教学环境是有效的课堂管理的基石。清新、动人的环境让学生感觉加入这个班是一次特别的体验，这也相应地给予了你影响他们的力量。

它是一种宣言

当走进某间教室时，你可以感受到这位老师期望学生有最好的表现。这是从教室的墙壁和空气中散发出来的感觉，甚至在空无一人时也能感受得到。实际上，教室环境在无形中显示出了老师的水平。

它让学生产生自豪感

学生们一直在注视着你——从你的着装、讲话方式，到讲台的布置，如果你以自己的教室和工作为豪，那么你的学生也会如此，他们会对自己、自己的课堂表现和作业充满自豪。

它能让人冷静并集中注意力

有的教室看起来好像刚刚被歹徒洗劫过一样凌乱不堪，在这种教室中上课的学生，必然会不开心、不守规矩、坐立不安；相反，一个精心装点过的教室——充满了自豪和尊敬、宽敞的过道、整洁的桌面——这样的环境能让学生产生安全感，从而平静下来，把注意力放在学习上。

你们要做到最好

教室环境直接决定着学生对他们自己的认识，以及对你期望的理解，因此千万别让教室乱成一锅粥，或者到处堆着材料无处落脚。

因为当周末结束，学生完成你布置的任务后重新走进教室时，他们都会收到来自你的那条信息——

“你们要做到最好。”

方法15

学生排队是课堂管理效果的指示灯

标签：课堂管理 学生细节

多年前，一名叫查克的老师对我产生了很深的影响。当时担任六年级老师的他十分擅长课堂管理，是他让我明白了一切皆有可能。第一次见到他时我刚刚从教两三天，至今我还记得看到他领着学生穿过校园时自己有多么震撼。

全班36名学生排成两队整齐地向前走，查克则跟在后面，距离队伍30英尺左右。学生们步子随意悠闲，却冷静而专注，展现出了我前所未见的成熟。

尽管这两队学生排得很整齐，却不会给人军队的感觉。不久后我了解了查克的为人，他绝不是那种爱发号施令的人——恰恰相反，尽管查克对事比较认真，但性格友善、温柔，说话从来都是轻声细语。

接着我找到校长，希望她能允许我旁听查克的课，校长安排了其他老师帮我代一个多小时的课，几天后我就如愿以偿了。

我走上通往那间小巧教室的扶梯，透过前面的窗户注意到学生正在进行小组活动，他们拿薄纱包裹住用盐腌过的鸡腿，来模拟埃及木乃伊的制作过程。

而当我走向门口时，万万想不到等待我的是怎样的惊喜，而我想其他老师早就对此习以为常了。

等我走进教室后，离我最近的学生迅速站了起来，然后用手肘轻轻碰了碰旁边同学的手臂，接着一个小组的同学都放下了手中的活计，站起来看着我，其他小组也是如此，片刻后，整个班的学生都起立静静地望着我。

查克微笑着欢迎我，表情一如平常，显然学生的表现都是他意料之中的。随后我们简单交谈了几句，学生们依然保持着倾听的姿势。接着查克向学生们介绍了我，感谢学生给予的尊敬，然后让他们继续自己的任务。

在接下来的一个小时里，我在查克的教室里四处参观，和学生们交流，观察查克偶尔叫学生们停下来听他讲解新的内容。学生们很投入、友好，并且很懂礼貌。显然他们非常尊敬和崇拜自己的老师。

我非常庆幸自己能在刚刚步入老师岗位时目睹这一切。我明白了老师、家长，以及学生为不良行为找的借口——都只是借口。查克向我证明了，在一个出了名难管的地区学校任教的老师，能创造什么样的奇迹。

尽管查克的教学成果如此显著，但并不是学校所有老师都认可他对排队走路或者欢迎客人这些细节和基本流程的追求。

之后我发现每当有人提起查克的学生，就有老师会不屑地抱怨。

他们无法理解查克为什么会注重那些看似琐碎的细节，甚至认为训练学生怎么排队走路的做法愚蠢至极。

但正因为他们无法理解，所以要花费大量教学时间来提醒、要求学生注意课堂表现。

因此，查克掌握着一个被很多人忽略的课堂管理秘诀。而学生们排队的方式、聆听的状态，以及其他等等的细节，恰恰是课堂管理效果的指示灯。

从老师带领学生走过校园这点，我们就能对这名老师以及他的教学得出一定的结论。原因很简单，学生们如何完成简单的日常规范，体现出了他们在小组活动等更难的事情上会有什么表现。

学生排队能够体现：

他们对老师的尊敬程度；

他们对同学的尊敬程度；

他们是否听从指示；

他们对知识的接受情况；

他们在课堂内外花在学习上的时间长短。

我知道有些老师声称他们只关注自己觉得重要的事情，因此尽管他们学生排的队没有查克的学生那么整齐，但他们能确保课堂上学生有足够的注意力和尊重。

这种说法显然不攻自破，根据事情的主次来决定行为标准会让学生产生困惑，更有甚者，它给学生，特别是平时比较淘气的同学，树了一个反面的榜样，使之养成坏习惯。

相反，老师对于排队等日常活动提出明确的要求，正是在向学生传授课堂中需要的学习技巧。事实上，学生的队列就是一个实验室，学生可以在里面演练课堂中的技能——并且不必占用学习的时间。

所以下次你可以抽出时间做个实验，让学生自己排队，而你跟在后面仔细观察，因为这将直接反映出你的课堂管理成果，同时也能够检验你是否是一名合格的老师。

方法16

用模拟来培养日常规范

标签：课堂管理 日常规范

老师应把学生每天都要重复的活动培养为日常规范，从而让学生高效、有序地完成走进教室、从某项活动进入下一项、排队准备休息等活动。

原因很简单，日常规范既可以节省时间，也可以减轻你的负担。

事实上，这些活动正是不良行为的高发期，所以我建议你把它们标准化，从而让学生能够迅速、独立地完成。

然而，大多数老师并不擅长训练学生的日常规范，当你不断重复、提醒学生注意规范时，反而在无形中浪费了时间，失去了它原本的意义。

培养日常规范的关键在于让学生在没有你指导的情况下正确地完成这些活动。其方法如下：

1. 老师模拟正确的做法

首先老师要坐在学生的座位上——或者是其他活动开始的地点——向学生展示你希望他们完成的动作，模拟出每一个步骤，小到每个细节。这个过程一定要简单、直接，并且详尽。

2. 老师模拟错误做法

根据老师以往的经验来模拟可能出现的错误。这时不妨做点夸张搞笑的动作，让学生鄙视这些错误，认为它们破坏了课堂氛围，从而达到模拟的效果。

3. 由学生来模拟

接下来挑选一名学生从头到尾表演一遍，这时即使发现最小的错误或者偏差，也要让学生重来一遍，然后让其他自愿的同学分别来模拟，每次都要用最严格的标准把关。

4. 让一个小组的学生模拟

挑选四五名学生模拟一个小组，仔细观察并纠正错误，甚至到了吹毛求疵的程度也无妨，因为看似不起眼的小问题往往会酿成大祸。

5. 全班练习

接下来可以让全班一起来模拟整个过程，直到你满意为止，如果他们可以在没有你指导的情况下完成规范，一定要及时给予表扬，成就感能够促使他们一如既往地好好表现。

6. 实战演习

一旦学生能够上手，就要把规范变成每天上学的常规活动。同样要让他们感受到成功带来的快感。如果学生表现不够好，要让他们重头做起。

注意：完美并不意味着机械或军事化，是指按照老师教授的方法完成日常规范，这个过程可以是轻松随意的。

追求卓越

日常规范既可以节省时间、改善表现，也可以减轻你的负担，但它真正的魅力在于可以把优秀的品质传递到方方面面。

学生们把椅子归位、排队吃午餐、礼貌地表现、分小组——优秀就是在你的要求下一点一滴地积累起来的。这也得益于你从开学第一天起对优秀的执着，才能把这种优良的品质从一个普通的规范传播到一个个学科。

当时机成熟后，你的学生会从一个个独立的个体，变成了一个好学、追求卓越的班集体。

方法 17

绝对不向问题学生妥协

标签：课堂管理 问题学生

有些学生从幼时的经验中总结了一条规律，只要他们使劲儿地调皮捣蛋、搞破坏、干扰别人，总之要让周围所有的人没好日子过，那么大人们就不得不投降，顺着他们的意思。这些孩子先在家里练就了一身撒泼的技巧，等到功夫已经炉火纯青后又在学校开辟了战场。

一开始老师们还会按规矩惩戒这些违纪的学生——说教、劝告、取消休息、报告家长，使尽了浑身解数。可是这类孩子往往不那么容易就范，因为经验告诉他们，只要再使把劲儿，做得更过分、更嚣张、违纪的次数更多，老师就会开始对他们另眼相看。

为了使自己和其他学生免于打扰，老师会小心翼翼地尽量不踩到地雷，对他们的小错误睁一只眼闭一只眼，这就是堕落的第一步。

不久，老师会仅仅因为他们不扰乱班级纪律而提出表扬或给予奖励，甚至还会赋予他们特权——这正中学生的下怀。在他们看来，自己和别人是不一样的，社会规则对他们根本不适用。只要他们愿意，就可以大摇大摆地离开座位，随意走动；老师在上面讲课，他们就在下面说话，完全随心所欲，只有偶尔心情好的时候才会听老师的话。

这都是因为老师已完全被他们牵着鼻子走了。为了让学生老老实实不捣乱，老师只好一再地妥协，否则只怕情况会越来越糟。

但一切本不至于发展到这个地步。

另一种选择

优秀的老师和出色的课堂管理者，他们区别于其他老师的一个特质就是：绝对不向学生妥协。因为班级的整齐划一是无价的。

就算是从布朗克斯[①]动物园逃跑的大猩猩来到了他们的班级，也必须遵守和其他学生相同的规则。无论它是吊在天花板的灯上，还是大声嘶吼，在它接受隔离惩戒并证明自己能达到老师的标准之前，都不能被当成班级真正的一分子。

有趣的是，事情竟然开始好转了。那些坚持自己立场的老师，那些决心没有什么人或事可以让他们降低标准的老师——他们觉得这样对学生是最好的——这些老师终将得到回报。

因此，尽管坚定立场只是老师个人内心的想法，不知怎的学生就会感受得到。这是千真万确的。也许是老师随身携带的幸运符所带来的魔力，也许是他们的魅力或领导力充斥着整个房间，也许是他们的气场在告诉学生没有商量、争执、耍心眼的余地，规定就是规定，

① 布朗克斯（the Bronx），纽约的五个行政区之一。

对谁都不例外。

当学生知道你永远不会对他们让步或区别对待时，就会奇迹般地乖乖就范。

当你第一次下定决心——或每当你接手一个新的班级或一批新学生时——还是会受到学生的试探，做出诸如愤怒、大喊或其他顽劣的行径。尽管你信誓旦旦地说要履行课堂管理设计，但是还有学生不服从你的安排，从而不断挑战你的底线。

他们可能会离开座位去骚扰其他同学；可能因为不满意你的分组而大喊着敲桌子；也可能在隔离区哼哼，唱歌或大叫。但只要你坚守阵地，对每一个错误给予惩戒，这种现象就会停止。

当你决定不被学生牵着鼻子走，坚守底线时，班里的每个学生都会因此而改变。

事情的另一面

不过，事情还有另外一面，大多数老师没有划出这条底线——并且永远不会，尽管他们制定了课堂管理设计，并且有具体的规定和相应的惩戒措施，却并不坚定，而学生也能感觉到这一点。

他们知道在开学初大发脾气或跺着脚走出教室，能够让老师马上败下阵来，在接下来的一个学年里一再让步；也知道只要发发脾气吓唬一下老师，就能换来特权；并且也明白他们随时可以破坏一堂课、一个下午，或者让老师一天不得安宁，有了这张王牌，他们就能为所欲为了。

所以他们随心所欲地离开座位；在你讲得酣畅淋漓时用笔敲桌子，或大声叹气；和邻座聊天不完成任务。这都是因为你给了他们特权，和他们达成了无声的协议，并且对他们的小错误视而不见。

无论你怎么警告、提醒，或者找他们谈话，他们还是会把你的话当成耳旁风。这样的教学方式既无力又让人失望。

改头换面

唯一的解决办法就是彻底地改头换面，要想结束这种被学生牵着鼻子走的日子，把最调皮的学生变成守规矩、爱学习的好公民，你必须把王牌夺回来。

没什么可害怕或失去的，勇敢地前进吧，亮出你的王牌，蹲下身来在地上和问题学生划清界限吧！

方法 18

不应让学生解释违纪的原因

标签：课堂管理 学生违纪

当某个学生违纪时，老师通常会把他单独拉到一边，让他解释为什么违纪。但这个要求并不简单，因为大多数学生不会直接回答你，而是会否认和转移话题、辩解或推卸责任。一副死鸭子嘴硬的态度跟你抗争到底，很少有人会给你一个满意的答案。

可想而知，老师会大发雷霆，再次要求学生解释，瞪着学生，指指点点，施加压力，像律师逼问不配合的证人一样，抛出一连串的问题，把学生逼到死角。最后不管谁胜谁负，双方都会不欢而散。

尽管把学生单独叫过去解释犯错的原因是常用的教学方法之一，却不一定是上上之策。原因如下：

很难用语言表达

学生大多不愿意解释自己违纪的原因，特别是当他们知道自己的回答会让你不爽时，“因为我愿意”这种理由不仅听起来不敬，还会火上浇油，但却是事实，因为当学生违纪时，通常都是因为在那一刻他们就想这么做。

会引起不满

当学生觉得自己无法给出一个让你满意的答案时，感觉被逼无奈，只好沉默、辩解，或者撒谎，这会让老师更加笃定地想要从他们嘴里撬出真相。

这就不可避免地给本该积极和信任的关系蒙上了不满和不信任的阴影，而这种关系是你影响学生行为的法宝。

老师的目的搞混了

老师之所以让学生解释，并不是想知道学生违纪的原因，只是希望他们能承担责任、勇敢地面对错误并为自己的行为负责。但是老师要搞清楚，让学生为自己的错误负责是课堂管理设计的任务，而不是你的。

区别在于，课堂管理设计是公正的，不带有个人色彩，因此也不会影响你们的关系。

这会影响责任感发挥作用

在学生看来，被老师审问的几分钟就相当于惩戒了，尤其是当老师在结尾加了一通说教，或来一句“你听明白了吗？”的时候，因此当你再让学生接受隔离惩戒，或取消休息时间，他们不仅不会反省自己的错误，反而会因为你掺杂了个人感情而怪罪于你，把责任推得干干净净。

压力倍增

把学生拉到旁边进行说服教育、好言相劝，或者让他们承担责任，是造成老师压力的最主要来源之一。因为这只能带来暂时的缓解，但是治标不治本，所以你不得不每天——甚至每小时不停地重复同一件事，压力山大啊！

你和学生的联系才是最重要的

为了增加课堂管理的效率，必须要让学生觉得违纪是自己的责任，理应接受惩戒。

但是如果你带入个人偏见，强迫学生给出你已经知道的答案，并且不履行课堂管理设计，出尔反尔，那么就很难达到高效。

你会对违纪的学生感到失望也是自然的，而且在适当的时机，你也可以告诉他们你的感受。但是给学生单独训话并要求他们解释就是大错特错了。

作为老师，绝不能削弱和学生间的联系——或者因为一次不愉快的经历而抹杀所有的好感，因为正是你的受欢迎程度、和学生间的关系，以及一对一的联系，决定了你对学生的影响力。

方法19

学生拒绝接受惩戒时要对症下药

标签：课堂管理 惩戒

当学生拒绝接受隔离惩戒时，通常都有充足的理由。这并不是说违纪不是他们的错，相反，他们要为自己的行为负全部责任，因为首先学生不应违背老师的指示。

但在他们的心里却觉得自己必须坚持立场。也就是说，当时的情况另有隐情，让他们觉得惩戒有失公允，那么你让他们接受隔离惩戒实际上是打破了他们内心公平的底线。

所以在作答之前，老师要先弄清楚学生拒绝的原因。因为如果学生觉得自己的理由足够挑战老师的权威，那说明背后还隐藏着更大的问题。

问题学生对公平这个字眼更加敏感，所以如果你的管理方式不够公正，或者在学生看来不公正，那么就不免会遭到学生的反抗。事实上，在不公平的课堂上学生会挑战老师是正常的。

下面列出了四种学生拒绝隔离惩戒的原因，先把这些问题解决，扫清障碍，那么拒绝接受惩戒的现象，就会像一整套百科全书一样罕见。

1. 学生不能理解你的课堂管理设计

如果学生违反了课堂管理规则，却不觉得自己做错了，那么很有可能会不服气。所以老师务必要充分地讲解、示范，以及通过场景演练等方式来教授课堂管理设计。

学生需要反复地熟悉和体验这个计划——它为什么这么重要、为什么不能违反，以及违反了规定后有哪些具体的惩戒。绝不允许惊讶、分歧和误解的情况发生。

该是什么就是什么，不能有丝毫的模糊。

2. 老师的言行前后矛盾

老师对任何一个错误放任不管，就等于在自找麻烦。当你对某个学生另眼相看时，平时爱调皮的孩子们就会产生“酸葡萄”心理——因为他们知道自己很少能享受这样的待遇。

所以当你给予这些学生隔离惩戒时，他们自然会抵触。那些使用双重标准、带有偏见的老师往往为课堂管理头疼不已——因为学生知道这不公平。

3. 你和学生之间存在摩擦

学生不喜欢对他们大喊、责骂、说教的老师，也讨厌把学生违纪当成是针对自己的老师。这会让学生觉得你在针对他、孤立他，导致他们的错误愈演愈烈，背地里更加无法无天。

更糟糕的是，因为老师在明文规定的惩戒里加了料（加入了讽刺、说教、叹息、白眼等），学生会觉得你不喜欢他们、对他们怀恨在心、处理问题有失偏颇。

4. 学生的违纪行为中可能会出现不确定因素

只有当老师确定学生真的违反了规则，才能给予隔离惩戒。如果你并不肯定，或者没有亲眼目睹事情的经过，那么最好调查清楚还原真相。否则被误会的学生要么封闭自己、要么极力反抗，或从此不再信任你。

同样地，老师要跟学生明确隔离惩戒的原因，直接告诉他们违反了哪条规定，所以会受到什么样的惩戒。如果他们违纪被抓了个正着，很少有学生会反对或大惊小怪的。

接下来怎么办

如果你排除了以上几种原因，学生仍然拒绝接受隔离惩戒，那么解决方法非常简单，对他说“在你做出决定前，我给你两分钟时间考虑，如果两分钟后你还在这儿，我会准备一封信发给你的家长。”（即第三种惩戒措施。）

下面的事就完全由学生自己决定，与你无关，所以你可以继续忙其他事了。而就你所知，你已经排除全部有效的拒绝原因了，那么他怎么决定就不会对你产生影响了。

这是学生的选择，当他意识到这一点，并且明白你不会再给他施压，或者发脾气时，他就会自己乖乖地走到隔离区。

如果他还是不去呢？那很简单，只要遵照课堂管理设计执行，履行你的承诺就好。等他冷静下来——甚至可能忘了这件事时——静静地走过去把信交给他，对他说："让家长签好字明天交给我。"

然后继续你的一天。

方法 20

和问题学生谈话切忌过于频繁

标签：课堂管理 问题学生 谈话

大多数老师觉得只要对问题学生多关注一些，就会得到相应的回报，于是他们把这些学生叫到一边鼓励、提醒、说教，或者警告、斥责，间或称赞、表扬，也时常争论或命令——总而言之，说得太多了。

过多的谈话或劝说学生好好表现其实都是浪费时间。

并不是说谈话这种形式不起作用，只是要在适当的时间，运用一定的策略。其方法如下：

切忌过于频繁

在学校，问题学生已经被你的唠叨折磨得苦不堪言了，所以只要看到你带着熟悉的表情走过来，他们就知道噩梦又来了。所以老师把该说的话说完，接下来就要对问题学生一视同仁，让他们相信自己也能够像其他同学一样遵守规则。

坦诚相对

许多老师对学生的希望太过殷切，所以无论说的话是否发自真心都通通抛给学生。要么昧着良心夸奖学生、要么用好话收买学生，甚至还会撒谎。这些对学生都不起作用，最有效的方法就是讲实话。

让交流变得有意义

老师和犯错误的学生谈话，就是为了加深他们已经学到的教训，而绝不能强迫他们做出解释或保证，更不能狠狠地训斥学生。你应该让学生从自己的错误，以及相应的惩戒中吸取教训，或者从成功的喜悦中收获领悟，老师过多地参与可能会破坏学生自身的进步。

激将法

学生犯了错，自有课堂管理规定来决断。然而如果你觉得现在时机刚好，说一两句话能够加深印象，那么不妨直接说出来，比如走到隔离惩戒的书桌或椅子旁，对学生简单说一句“你本可以做得更好”，能够对学生产生激励作用。

此时无声胜有声

当问题学生表现有所改善，或者一整天相安无事时，老师最好什么都不要说，把握这个契机，证明你和他之前那些（只爱炫耀的）老师们是不同的。只要老师不因为他们表现正常而大惊小怪，那么学生就能感受到你传递来的正能量，这种力量能够对他们产生更深的影响。

用手势代替语言

如果问题学生表现良好，或者你相信他或她已经取得了真正的进步，而不是暂时的守规矩，那么一个给力的握拳手势或会心地一笑就足够说明一切了，而且更能加深教育意义。跟傻乎乎、言过其实的赞美不同，手势能让学生心潮澎湃——发自内心为自己的成功自豪。

没有附加条件

许多老师和问题学生谈心其实另有目的（希望他们好好表现）。这种行为对师生关系来说是致命的打击。一个成熟、信任的师生关系是建立在零附加条件的基础上的。老师要学会欣赏这些问题孩子，那么在你和他们谈话时，才能有说服力。

让学生靠自己站起来

老师花了大把时间和精力关注问题学生，试图改善他们的表现，认为自己只要足够努力、选对措辞，就能让学生回心转意。

但你投入的精力越多，学生就越容易忽视你说的话，也越难进步，所以不要告诉他们应该怎么感觉、应该怎么思考、应该学到什么教训，相反，给他们机会思考自己的问题并感受成功的喜悦，让他们凭借自己的力量站起来。

真正的改变总是由内而生。

方法21

6句触动问题学生心灵的话语

标签：课堂管理 问题学生 谈话

前一篇文章最初在网上发表的时候，我收到了大量的读者来信，许多读者反映在实践了文章中的建议后，处理问题学生不再是难题了，但也有读者希望我们能提供更多的细节，他们想知道具体该跟这些学生说些什么，以及什么时间说最恰当。

这个问题提得非常好，我也很高兴能回顾自己最喜欢的话题。但在开始前必须要说明的是，除非你让学生产生了责任感，否则你说什么都是徒劳——因为你的话只能起到锦上添花的作用。但适时地说一两句，也可以给学生一个全新的视角来看待自己的错误和进步。

恰到好处的语句可以帮助老师建立与学生间的关系，并树立影响力，激起学生的活力，或委婉地提醒学生。下面给出了6句能够引起学生自省的话，并不需要学生作答，事实上，如果你不期待回答，效果会更加显著。因为学生需要的是自己思考、消化和面对事实——而不是回答你的话。

这些话就像天空划过的闪电一样能够立刻引起学生的注意。

1. “你可以做得更好。”

时机：在学生犯错后，或者当学生接受隔离惩戒时。

理由：从他们尊敬的人口中说出的这句话既是事实，也是激励，就像按下开关一样，能够迅速让学生从委屈或不服，变得内疚自责。

2. “这不是真正的你。”

时机：当漫长的一天终于熬到了头，或者当学生正在阅读你给他或她家长的信时。

理由：大多数老师的言行传达给问题学生的信息是：他们本质就是如此。这导致违纪现象有增无减，每况愈下。而在说这第三句话时，老师要语气坚定，让学生相信自己本质上不是个坏孩子。

3. “还不够好。”

时机：在一段时间表现进步后。

理由：问题学生习惯了只要稍有进步就得到无数的表扬，你的话会让他们大吃一惊。这句话乍看像是批评，实则是在鼓舞士气——因为它让学生知道你相信他们的能力远非如此。

4. “你可以的。”

时机：在托付给他们一件较难的任务前，而这件任务对于过去的他们来说是比较困难并容易引发错误的。

理由：在看到进步时，老师要给学生迈出下一步的机会，比如在让他们和伙伴一起完成课堂任务前，看着他们的眼睛，铿锵有力地说出这句话。

5.“这才像样！”

时机：在真正的成功后——这里提醒你，不是小小的或短暂的进步，而是实质的飞跃。

理由：从约定到斥责，再到毫无意义的称赞，一直以来，老师都在告诉问题学生他们是另类，仿佛失败已经烙印在他们的DNA里了。而这句话则颠覆了这个印象，告诉他们自己的努力已经得到回报，也是他们取得进步的活生生的证据。

6.“我相信你。”

时机：在学生情绪触底后。

理由：当犯错的学生已经为自己的行为感到愧疚时，最好给他们留点空间。许多老师因为试图缓解学生心情而打断了他们的自我反省，从而失去了教育意义。然而给予学生一定的时间和空间后再说这句话，对学生来说则意义深远。

做一名守护天使

问题学生经历的太多了，强迫、优待也好，放任、假惺惺的赞赏也罢，他们老远就能嗅出欺骗的味道，所以除非你对自己说的话十分肯定，否则还不如沉默。

但是如果在合适的时机，用合适的语音语调，慎重地用单纯、直率、诚恳的态度和学生谈话，你说的话便会掷地有声。

所以，如果你像守护天使一样从天而降，给他们带来福音，那么你说的话会在他们的脑海中不断回响。

方法 22

给问题学生一句私密的真诚留言

标签：课堂管理 问题学生

问题学生之所以违纪是因为教学的某个环节出了错，要么是老师降低了标准、无视规则、乱找借口，要么是师生关系破裂了——抑或从未建立过。

但是命中注定要由你这个老师来修复出错的那一环，事实上，你占尽了天时地利与人和。

首先你要用和其他同学一样的规则、标准和预期来要求他们。必须打定主意，无论怎样都要给学生留下这样的印象，“琼斯女士从未放弃过我，她一直都相信我”。

接下来就要建立关系了，首先态度一定要温和，因为师生关系的建立取决于信任、真实、坦诚和足以影响行为的联系。绝不能像对待敌人一样铁血无情，这是好多老师的通病，“嘿，安东尼！怎么了，伙计！快点拉上背包，没事吧？好样的！放那儿吧，动起来！”

不，对待这些学生一定要更加细心。记住，他们已经见识过所有急功近利的手段了——无论是火急火燎的斥责，还是竭尽全力的拉拢，可以想见，他们对过于靠近、自来熟的大人是持怀疑和戒备心理的。

要想接近他们，必须绕道而行，其中最有效的一个办法就是把一句简单的话写在手心，在休息、午餐时，或放学后，用手印在学生的书桌的正面或侧面。

这句话的内容是次要的，重要的是你的真诚，如果连你都不相信自己说的话，学生也会察觉到的。

其目的是建立一个基于信任和喜欢的健康的师生关系，虚假的称赞和强迫都是搬起石头砸自己的脚，因此写一句简单易懂的话，来表达你的真实感受吧。

安东尼，我相信你，我为有你这个学生为荣。

——老师瑞克斯

绝不要对学生提起这句留言，并且在学生阅读时也不要盯着他们看，继续做你手头的事，给他们留点私人空间，说不定他们会走过来谢谢你。

如果真是这样，就简单说一句，“我是认真的，我想你能明白”。无需多言。

只要在开学初的几周适时地说几句就可以，不必每天甚至每周都这么做。幸运的是，课堂管理不是机械的重复，教学中的细节——和学生的亲密关系，共同度过的美好时光，以及点滴的成功——都能带给你感动和幸福。

在“智能课堂管理”（Smart Classroom Management）博客上反复出现的一句话就是，课堂管理设计本身没有魔力，尽管规则和惩戒措施都非常重要，却并不能改变学生的表现。

真正具有魔力的是你和学生间的关系，而这些凭空出现的话语，仿佛精灵一样从天而降，洗涤学生的心灵、打破隔阂、深深地吸引着他们，孕育出面对面交流无法企及的感情。

许多问题学生对老师普遍没有好感，只要老师稍一靠近，他们就设起心防。过往的印象导致他们认为老师都是一样的，所以在了解你之前就表现出不敬。

这时一句简单的话，就像一个只属于你们两个之间的秘密，让他们对老师的印象发生改观，抚平伤口，注入新鲜血液——触动心灵最柔软的地方，让他们无法忽视，从而卸下心防，这是建立足以改变师生关系的第一步。

方法23

不要给问题学生贴标签、打预防针

标签：课堂管理 问题学生

好多老师急于把错误扼杀在摇篮里，因此想给问题学生提前打预防针，甚至在开学第一天的上课铃响起之前，他们就翻过花名册找出那些名声在外的学生了。

他们通过和以前的老师聊天、仔细阅读学生的档案来了解这些问题学生，甚至在学生踏进教室前，就绞尽脑汁地想办法治他们了。

所以在开学第一天，当安东尼、卡拉或者其他某个孩子一走进教室，就会有一种被人盯上的感觉，学生一旦察觉新老师的迫近、关注和压力，他们就知道自己被贴上标签了。

如果学生产生这种感觉，就等于被拖上了一条不归路，到最后真的变成了标签上那个“坏孩子”。为了避免悲剧在你的课堂上演，同时把孩子拉回正轨，老师最好一视同仁，让学生觉得自己没有被区别对待。方法如下：

1. 不要把他们安排在离你最近的位置

开学第一天，当某个出了名的问题学生被安排在离你最近的位置，他或她马上就知道，老师还揪着他们去年的错误和失败不放。这时学生心里的潜台词是，“又来这一套，那我就如你所愿吧”。

2. 不要在他们身上花更多的时间

孩子们远比大人想象的聪明。虽然有些学生可能在阅读上稍微落后一点，但灵长类动物的本性足以让他们分辨老师行为的细微差别。因此你过多的关注或频繁的监督都在大声地宣告着他们被盯上了，这导致学生从一开始就不信任你。

3. 不要在语言上有所区分

在面对问题学生时，老师的说话方式也会有所不同，这一点甚至连他们本人也并未察觉。比如你前一秒还无忧无虑微笑着唠叨，等转身和安东尼或卡拉说话时，却突然板起脸，声音降了三个八度，就像在说，“我不希望你出现在我的班级，我不相信你，我就料到你的表现好不到哪儿去”。

4. 不要旧事重提

顺便提醒一下，这种方式无疑在告诉学生你对他们的过去一清二楚。这不仅影响了你与学生建立联系，还会导致你们之间争吵不断，并且学生总是想挑战你的底线，或者在背后搞鬼。

5. 不要无视他们的错误

对于问题学生，老师通常选择忽视他们较轻微的错误，这在开学初尤其明显。但这恰恰证明了你在区别对待，从此犯错、愚蠢和走神变成了他们的标志，一发不可收拾。

一视同仁

当你区别对待问题学生，或者采用一些针对他们的策略和做法时，其实是在告诉孩子们：他们永远也不能成为好学生。从而加强了这样的印象：调皮对于他们来说就像眼睛的颜色或鞋子尺码一样是与生俱来的，学生背负着这个标签，就像肩上披了一件湿棉衣，沉重却无法脱身。

如果开学初发生了这样的事情，学生会觉得又一个噩梦般的学年开始了，然后只能假装毫不在乎来掩饰他们的忧伤。

只有当老师用一致的行动和标准向学生证明——你相信他们，学生才会彻底改头换面。

方法24

面对学生的无礼表现，请先深呼吸

标签：课堂管理 问题学生 无礼表现

面对学生的无礼表现，老师很容易感情用事，这是任何一名热情的老师正常的反应，但也是个致命的错误，因为这时老师的处理方法会导致学生越来越难管，从此你的影响力也会像学生的表现一样，一落千丈。

如果你能克制自己的情绪，既能够让学生认识自己的错误，也能保持你的影响力。方法如下：

自愿认输

当学生对你不敬时，你要选择低头，也就是说要控制自己想要劝告、斥责、说教，甚至制伏学生的冲动。

顺其自然

学生的不敬与你无关，而是来自他们的内心，所以顺其自然，切忌感情用事，你的职责是让学生认识自己的错误，从而不会再犯。

保持冷静

深呼吸，平息内心的怒气，提醒自己如果能控制住情感，你的课堂管理会更有效、更顺利。

按暂停键

在事情发生后，先保持沉默，用眼神和学生交流并静静等待，过了几秒，当你搞清楚谁、说了什么、怎么说的以后再开口。

结束

迅速解决，不要让问题升级，你的停顿和应对能够平复学生的情绪，让他们无话可说。只要你停止和学生对视然后走开，这件事就画上句号了。

继续

控制自己想要马上给予惩戒的冲动，继续忙手头的事，让学生自己站在那儿不知所措，这个方法往往能够让班级迅速恢复常态，而不影响其他同学。

以逸待劳

接着像什么都没发生一样继续一天的教学。不要去找犯错的学生，单独谈论违纪的事，在你确定他已经不再想着那件事后再采取行动。

履行计划

一旦学生冷静下来，并且把违纪的事都抛到脑后，你就可以走过来执行惩戒措施了。我建议不要再次回顾课堂管理设计，直接把学生送到隔离区，只留给他们一句话，“你违反了第四条规定，拿着你的作业去隔离区”。

通知

如果学生故意对老师不敬，那么应该通知家长，最好的方法就是给家长一封信，这也能够让学生的责任感持续到放学后。具体做法是：快到放学前，把信交给学生然后径直走开——整个过程一言不发，让责任感来说话。

让学生自我反省

不说教、不斥责，也不感情用事，你的这种处理办法能够让最顽固的学生认识到自己的错误，说不定还会收到他们自发的诚恳的道歉。

吸取教训

使用上述方法可以让学生从这次的错误中吸取教训，它的妙处在于让学生自己承担责任，而不是归咎到你身上。

老师不必跟学生一决高下，为了学生，老师不能大喊、恐吓、斥责，或者把自己也降格到不敬的行列，而要保持冷静让学生承担自己的错误。

方法25

处理学生友情闹剧的3个原则

标签：课堂管理 学生关系处理

友情闹剧，听着就让人不寒而栗。眼泪、嫉妒、伤心，各种戏码，他说了什么，或者她又说了什么……尽管这是你最不想面对的事情，却不能置之不理——因为它对朋友双方都有很大的影响。

一旦闹起来能把你的教室搞得天翻地覆，课程也无法继续，老师还得花时间让学生们谈心、道歉、和解，处理学生间因轻视、白眼和误解带来的矛盾，导致教学被抛到了一边。

但不是没有解决的办法，下面3个原则——也可以说是友谊的真谛——能够帮助你快速地摆脱困境，直达问题的核心，同时也能让学生看到不尊重朋友带来的后果。

1. 不是所有人都要成为朋友。

如果学生（朋友）间闹矛盾，老师一定要提醒他们，无论是密友还是普通同学，只要是班级的一员都应该相互尊重。这不是选择题，而是必须遵守的班级规定。但他们之间不一定要成为朋友，事实上，学生也许该重新考虑一下他们之间的友谊了，你可以对学生说，“如果别人对你不好，或者不可信，并且背后说你的坏话，那么你就不用和他成为朋友”。

这句话给学生指出了一条解决问题的捷径，并能让学生冷静下来，但同时它也起到了另一个作用：要失去的时候才能懂得珍惜，这让学生明白不尊重友谊所带来的后果。

2. 既然成为朋友，就要善待彼此。

接着上一条原则，延伸出来的就是，如果他们想维持友谊，就要马上道歉并相互谅解，善待彼此。“如果你们想继续做朋友，从现在起要相互尊重。”

友谊的真谛在于，你只有一个选择：要么忘记过去重归于好，要么好聚好散。就这么简单。

3. 友谊不能强求。

如果学生不能重归于好，也没什么大不了。无论是老师，还是学生中的一方都不能强迫彼此成为朋友，那不是真正的友谊，“同学间要相互尊重，如果你不尊重别人，就不能强迫别人做你的朋友”。

通过这种方法，可以让学生了解这样一个事实：友谊不是一成不变的，也不轻视怠慢，而需要呵护和珍视。上述的原则意在让学生避免伤害，直面事实：要么和好，要么散伙。

人生哲理

老师的最高理想就是能够影响学生的一生，要想成为学生终生难忘的良师——除了读和写的知识外，还应传授他们长大成人后也能用到的人生哲理。

上述三条原则表面上看似残酷，但实际上却是非常温柔并有教育意义的做法。它们鼓励学生建立更加亲密的友谊，减少无谓的小团体，并让学生充分感受语言和行动对他人的影响。从而使学生间的友谊更加健康，彼此更加信任，也教会了学生一个经常被忽略的价值观：尊重和友爱能够建立真正可以信赖的友谊。同时也能让问题迅速解决，回到教学中。

值得注意的是，如果老师提前把这几条灌输给学生，那么接下来的整个学年里就会少了好多抱怨和争吵，没有了眼泪和闹剧，也不会再影响学习，有的只是人生的重要一课：友谊是特别的、珍贵的，绝不是理所当然的。

方法 26

讲解完毕后迅速退到幕后

标签：课堂管理 管理范围

老师普遍担心如果自己不能时刻居高临下——说服、引导、劝告、指示学生——班级就不再受他们的控制了。这种担忧如不加以控制，就会把原本随和的人变成过于追求细节的微管理者，像大惊小怪的驾驶教练一样追着学生不放。

他们像蟑螂一样从一张桌子跳到另一张桌子，闯进个人空间，弯腰凑近学生，把多余的帮助强加给学生。时而评论、建议、忠告、发表意见，时而警告、表扬、干涉，为每一件大大小小的事情操心，不断地补充建议和帮助，“还有……还有，哦，还有一件事……”

毫无疑问，这类老师会觉得压力大、疲惫——晚上躺倒在床上，拍着额头深深地叹一口气，“哎呀呀呀累死我啦”。

然而不论怎么忙碌、监督、关注学生，他们的课堂管理却一塌糊涂。原因如下：

这样会引起兴奋

兴奋是导致错误的主要诱因之一，和老师的态度相关，也是完全可以避免的。微管理者们的所有动作和过多话语带来的紧张气氛让学生不能好好听讲、集中注意力甚至违反纪律。

这是对学生缺乏信心的体现

在微管理者内心深处，是不相信学生的。他们不相信学生可以听讲、学习、服从指示，因而频繁地监督学生。可悲的是，学生清楚地感受到这点，因此就像老师所想的那样表现得越来越差。

压制了学习和社交的成长

学生无法在这样的环境下茁壮成长。而事实上，他们需要学习的空间，需要呼吸、成长、成熟和独立的空间，老师经常要退到幕后，让学生自己来解决难题、反思错误、迎难而上。

代替学生思考

微管理者总是喜欢直接给出答案、解决办法、提示，这些可能连优秀学生很难想出来。他们的方式让学生没有一点想象、创造和批判思维的空间，尤其是给出的解释，不考虑学生真实的想法。

妨碍学生独立

微管理者总是太过频繁地给予学生过多的帮助，他们迅速地给学生没完没了的单独辅导，这打断了独立学习的过程。让学生养成遇事依赖别人的习惯，而不是依靠自己解决问题。

干扰学习

比起实际的帮助，这种方式让学生觉得他们需要的更多。事实上，大多数老师帮助的、说的、监督的太多。在讲解完第一节课的内容，并彻底检查学生的理解后，老师应该退到幕后，不发表任何意见，让学生自己思考你布置的问题。

有效的手段

优秀的老师知道什么时候该退到幕后，静静观察，让学生自己探索、运用你讲解的方法完成任务。所有知识，都要让学生去自己领悟，无论成功与失败，都让学生自己去承受，这是一门艺术，也是多年积累沉淀下来的精华。

而微管理者剥夺了学生的天赋，他们做的、想的、说的太多，使学生失去了最宝贵的学习过程。他们也抹杀了学生内心的求知欲，而这是带领我们走出困境的最重要的武器。

最高效的老师会在讲解完毕后迅速退到后面，因为他们知道过度监督学生、凡事都插上一脚、承担本来属于学生的责任，就等于剥夺了学生的自发性和创造性，导致一大堆问题的出现。

方法 27

提醒会让课堂管理难上加难

标签：课堂管理 学生违规 处理

课堂管理中经常出现的错误就是在学生违反规定后，老师还要再提醒一遍。从美国的弗雷斯诺[①]到西非的廷巴克图[②]，老师们每天——甚至每小时都在犯同样的错误。

“孩子们，注意啦，我说话的时候你们不要说话。”

“利拉，马上坐下，记住在课堂上不能随便走动。”

“安东尼、埃里克，不记得我说过排队时不能挤别人吗？”

每次你根据之前教过的行为标准，告诉学生他们该做什么，不该做什么——你就是在提醒他们。而习惯提醒学生的老师常常为课堂管理头疼。原因如下：

① 弗雷斯诺（Fresno），美国加利福尼亚州中部城市。

② 廷巴克图（Timbuktu），西非国家马里的主要城市之一，位于撒哈拉沙漠的西南方，尼日河中游北岸。

提醒影响了课堂管理设计的作用

在学生违反规定后提醒他们，说明老师没有贯彻课堂管理规定。你说的话不属于惩戒的范围内，所以你的提醒只是建议，学生可以根据当时的心情和情况选择听或不听。

所以当你要求学生手放两侧排好队时，他们自然认为你不是认真的，至少你第一次说的时候。如果学生知道你惩戒他们之前还会重复提醒好几次，那么他们也不必马上听从你的指示了。

提醒削弱了你说话的力度

如果学生违纪后你的第一反应是提醒——那么你实际上在告诉学生——除非你提高声调，失去理智，或者大发雷霆，否则不要把你说的话当真。

而且此后学生听从指示的程度跟你提醒的次数成反比。

提醒的次数多了，你的话也会失去力度，在他们听来你的声音和教室外面蜂鸟的嗡嗡声一样，毫无影响。

在一群无聊地做着白日梦的学生中，那些看穿了你弱点的孩子会不断地想办法挑战你的耐心。

掷地有声

如果你决心改变，在学生犯错后不再提醒——而是履行课堂管理规则——你会发现学生的表现有了巨大的飞跃。不过要提醒你的是，这种改变需要时间，因为学生需要适应从有到无的过程。

到那时，你的话对学生来说就不再是耳旁风了，而是掷地有声。学生会倾听你的每一句话，这也会让你的教学更有激情。

当你再要求学生做什么的时候，你就会看到自己的话多么奏效，你的梦想也就实现了。

方法28

只说一遍是让学生听话的诀窍

标签：课堂管理 说话

老师常常抱怨学生不听话，在你提出要求后学生像没听见一样原地不动，也许有几个慢慢地，甚至有点不情愿地动了一下，其他人则大眼瞪小眼，“哦，我们该做什么吗？”

仿佛你说的是火星语一样，而等到他们终于一边叹气一边磨蹭着做你所要求的事，你又得像看孩子比赛的家长一样使劲给他们打气，跟着他们一起走，还不忘表扬、打手势、鼓掌，耗尽全部力气重复十几遍：“特洛伊！特洛伊！抓紧！特洛伊！特洛伊！嘿特洛伊！特洛伊！看这儿！你可以的！你可以的，你是最棒的！快跑过去踢……球……啊！”

可以想象，这么一整天下来你早就筋疲力尽了。事实上，学生的不配合会给教学带来极大的压力。但解决方法并不难，只需简单几步你就可以让学生在第一时间听从你的指示——并且只在听到指示后才行动。方法如下：

站在固定的位置

在教室中找到一个让所有学生都能一眼看到你的位置，从给出指令开始到学生完成任务为止，老师都要站在原地。

只说一次

在学生安静下来后，说出你的要求，注意只能说一次，这也是策略的关键，要用平常的声音说，宁可太温柔也不要太大声。

让学生尽情折腾

在你第一次使用这个策略时，学生肯定不会立刻乖乖就范，从他们折腾的程度你可以看出情况有多么糟糕，以及他们多么无视你的声音。而这时你不妨让他们一头雾水，猜测接下来会发生什么。

不要采取行动

老师要克制住想要跳起来重复、好言相劝的冲动，只要站着观察就好，不要让学生猜到你想做什么以及为什么这么做。

把任务交给带头的学生

慢慢地，会有学生站出来做表率，或者替你劝说和重复，这是好现象，你就放心地把责任交给他们吧！

等待

直到学生完成你布置的任务并安静下来前，什么都不要说也不要做，停顿30秒让学生记住教训。

下达新的指令

当你满意地看到学生把科学文件夹放在指定位置后，给出下一个指令，这次应该明显比第一次效果好——更快、更利落、需要带头的同学也更少。

仍然只说一次

如果第二次比第一次效果好，说明这个方法已经凑效，接着给出新的指示，最后，当你只需要说一次指示时，情况就已经开始好转了。

好的开始是成功的一半

如果你希望第一次突袭成功，能够让“只下一次指令”的策略变成惯例，首先要放慢节奏，让学生做一件简单的事，比如清理课桌，然后他们就能慢慢适应步骤更多更复杂的指示了。

如果第一次尝试成了灾难……

如果第一次尝试时学生无法完成任务（吵闹、困惑、失控），也不要紧，还有希望，继续提出指示等待学生集中注意力，然后重新来过，他们就会明白的。

这个方法为何有效

当学生知道自己听不听话都无所谓时，就不会任你摆布了，所以如果他们认为你会不断地重复并且手把手带他们完成每个指示、学习每个知识点，他们就没必要听你的了。

如果他们不是被强迫——或者甚至是被允许——自己思考，或者没有义务注意听讲，他们就会走神，坐等现成的，这是人的本性使然。

但如果你只说一次，不再重复，学生就会自觉地捕捉你的声音，学会听讲。

每次你使用这个策略——其实只能算是一个窍门，就会有更多的学生买你的账，越来越多的学生从此不再依赖你而是依靠自己。

当他们养成习惯，变得成熟和独立时，听讲就会成为日常规范的一部分了。

方法29

让学生感到无聊的8件事

标签：课堂管理 错误做法

当学生感到无聊时，有的会走神、神游、数数，或者逃学，还有的会做出更加——怎么说呢——过分的事吧。因为无聊是孕育恶习的温床。

尽管有很多解决方法，但为了避免负面作用，首先要知道什么是不该做的。

下面列出了老师最容易引起学生厌倦的几件事，避开这8个注意力分散的罪魁祸首，学生就会在功课上投入更多时间，并且表现得更好。

1. 坐得太久

无论在课堂学习还是独立完成任务时，老师都应想方设法延长学生的注意力，但是让学生坐得太久就是自找麻烦了。优秀的老师必定是善于观察的，他们懂得何时该让学生转换思维站起来活动活动。

2. 说得太多

学生需要自己的空间，否则会用无声的反抗把教室掀个底朝天。老师说话太多尤其会让学生感到压抑，这说明你不信任学生，从而导致学生无视你，并开始走神。老师说话越简练，学生的注意力就越集中。

3. 化简为繁

许多老师误解了我们常说的严谨的含义，以为严谨就是要把指示弄得更复杂或更啰唆，这是导致学生止步不前的主要因素。老师的工作其实恰恰相反，最高效的老师会简化、分解、直捣核心——从而让学生更容易掌握内容。

4. 变有趣为无趣

以往的经验让学生觉得学习是枯燥的。但其实大多数课程的设置都是十分有趣的，只是学生不了解这一点，老师的任务就是让他们了解并关注教学的内容。然而很多老师只是不停地跟学生说，而忘了最重要的元素：推销。

5. 对于表现只说不做

纠结于课堂表现的老师常常没完没了地谈论表现，开班会、刨根问底、不断地重复同一个话题，让学生无法忍受。有效的课堂管理在于行动，在于履行课堂规定并让学生产生责任感，不是说大话。

6. 指示太多，观察太少

许多老师总是在发号施令，让学生没有片刻的喘息。这样不仅效率极低，也抑制了学生的学习热情。相反，良好而有效的日常规范能够让学生时刻保持清醒、活跃、对每个行为负责，你就可以在一旁静静地观察了。

7. 节奏缓慢，拖泥带水

优秀的教学就是时间、动作和精力的集中和高效利用。每天轰轰烈烈地展开教学，从一个课程到另一个活动，或者完成一项任务后马上进入下一个，动作迅速，目的明确，不拖泥带水。这种方式能够让学生保持注意力高度集中，全神贯注，也就不会产生厌倦的情绪。

8. 不会随机应变

尽管老师想在放学前争分夺秒地多讲点知识，但如果看到学生开始打蔫了，就必须迅速做出调整，否则强迫学生继续学习也不会有什么效果。有时学生就是想有个伸伸腿，活动一下，跟朋友打个招呼的时间，剩下的时间你可以充分利用。

让学习成为重心

能够长时间集中注意力是学习中一个关键却常被忽视的方面。所以老师把完成任务的时间延长并不是坏事。

但也要把握分寸，一旦超过学生能够接受的极限，他们就会感到无聊和乏味，导致违纪现象的发生。好消息是只要避免了上述几个常见错误，就能克制他们的厌倦情绪，让学习成为重心。

方法30

吸引学生注意力的4个关键

标签：课堂管理 讲课技巧

学生喜欢电子游戏、动作片、喜剧，也喜欢打雪仗、滑板、生日派对、极限运动，还有笑、刺激、挑战和冒险。

他们想在30英尺的悬崖玩跳水、在海上滑行、去游乐园、玩水滑梯、赢比赛、和一群朋友疯玩、每周七天都吃披萨当晚餐，只要他们醒着，就分分钟都在心心念念，并朝着这些目标努力。

然后他们走进了你的教室。

枯燥等于犯法

诚然，你的职责不是取悦学生或者和外部的新鲜事物做斗争，但如果不能抓住学生的注意力，让他们对你的课堂和教学风格着迷，学生迟早会感到厌倦和无趣的。

就像太阳每天照常升起一样，循环往复、刻板枯燥的教学会让学生到违反规定和糟糕的表现中去寻找满足感。

学生向往的4件事

抓住并保持学生注意力的关键，在于挖掘每个学生都向往的四件事。

1. 冒险

学生都渴望冒险，如果你给他们哪怕一点点或不同形式的冒险体验，他们都会爱上你的课堂。

例如组织寻宝游戏、徒步旅行或者户外美术课，选择新奇领域的内容让学生大声朗读、模拟科学发现的场景、表演你最喜欢的文章段落、演出历史场景而不只是书本上的阅读。

抛开你塞给学生的无聊课程，让他们徜徉在新奇、冒险的戏剧性故事里，一点点地加入新的元素，让学生在体验中学习。

2. 幽默

适度地把欢乐带入课堂，学生就会追随你到天涯海角。除了讲故事外，幽默也是建立师生关系、影响学生表现的最主要力量。尝试这种方法说不定会带来意外的惊喜。

是不是从此教室就变成了一个让学生尽情耍宝的地方呢?

不，你不必放弃课堂规则或浪费学习的时间，只要偶尔用一点幽默，让学生喜欢你的课堂，他们的表现就会改善并会更加喜欢学习。

3. 挑战

幸福指数最高的往往是工作中常常面对挑战的人——而且这种挑战是可以征服、可以实现、不会打击人的。这也是你吸引学生的方法，不断地给予学生挑战，既要让他们觉得自己能够完成，也要付出一定的努力。

最好的方法就是设问：谁能教全班同学操作这个实验？哪一组想解决这个问题？哪组搭档可以最快、最好、最完美地完成这个任务？

老师的职责是了解学生的能力并给予一点点的挑战，吸引着他们完成一天的学习任务。

4. 魅力

终于到了展现你作为老师和表演者魅力的时刻了。每节课、每个活动都是你施展魔力的机会。

这个方法非常有效，并且可以用作不同途径，只有想不到的，没有做不到的。你可以尽情发挥，发掘课程独特、神奇、惊人、神秘的一面，以此来吸引学生。

表面看来这个方法并不吸引人，但妙处在于它把课程变成学生看得见摸得着的东西，找到一个闪光点发挥它的作用，到时候学生想忽略都不行。

走进学生心里

如果你的课堂不包含上述元素，如果你单纯地按照课本上的内容一板一眼地教学，就要无休止地被课堂秩序折磨，学习进度也一落千丈。

然而，当你不时地激起学生本能的愿望，走进他们的内心，而不是耳朵或大脑，他们就会睁大双眼，挺直腰板，充满学习的热情。

方法31

善用简单停顿，轻松管理课堂

标签：课堂管理 讲课技巧

老师最常犯的错误之一就是讲课、发出指令或跟学生说话时总是连珠炮似的极少停顿，也就是不给学生一点喘息的时间就转到下一个想法或者信息，最多加上一两个不相关的语气词。

这种我们日常生活中常用的说话方式，却会给学生及他们的注意力带来巨大的负面影响。

老师说话不停顿，导致学生没有时间消化知识，因此觉得你的课无聊并且晦涩，注意力自然就无法集中，于是学生会走神，并且不放过每个调皮捣蛋的机会。

能够解决问题，并且让你的教学更加高效的一个简单方法就是不时地，甚至是长时间地停顿。下面解释为什么停顿会如此有效：

学生可以预测

猜测答案和结果能够促进学习，当你停顿时，学生会本能地预测接下来的内容，老师可以充分利用学生这种本能，在介绍重要的想法、单词、理论或强调的点时稍作停顿。

制造悬念

老师巧妙地利用停顿，能够勾起听众的猜测和好奇心，这驱使着他们坐得更直，靠得更近。停顿能够让原本最普通的信息变得有趣和吸引人——这也是许多老师梦寐以求的技巧。

加入深度和戏剧性

停顿是教学的重要内容之一。有了合适的时机和节奏——再加上少许的态度——停顿可以让学生充分吸收你说的话，以及你用深度、戏剧效果、才华和情感设计出来的直观形象。它能够给课程注入活力，让教学内容跃然纸上。

减少违纪

老师不带停顿的讲话在学生听来就像是嗡嗡的噪音，所以很快就失去兴趣，感到厌倦或者违纪。而偶尔两三秒的停顿打破了老师熟悉的声调，让学生保持注意力，跟上节奏。

让老师可以随时调整

停顿的时间可以让老师迅速检验学生的理解程度。通过跟学生眼神接触，保持沟通，老师可以随时调整自己的教学进度。这种方法能够训练老师关注学生的需要以及他们对课堂无声的反应。

帮助学生记住信息

偶尔一两秒的停顿把想法、理论和指示分成了不同的小块，使学生能够逐个击破，充分理解。这种方法可以提高学生的记忆和理解，并能够建立一个学习的框架。

以小见大

停顿的时间、频率和长度并没有一定之规，而需要老师在实践中积累经验。最初，一两秒的停顿就似乎很长了，让你和学生感觉奇怪或者不适应，但是随着时间的推移，你会爱上它带来的教学效果。

你会发现自己讲话更有自信了——使用更多的肢体语言和面部表情，变得更加活跃，运用更多的讲故事及角色扮演等的技巧。你说的话也越来越有影响，课程也更加高效，学生更加注意听讲，对你更感兴趣，也就不会再调皮捣蛋了。

和其他的课堂管理策略一样，停顿也是一个很小的细节，但如果持续地使用，一天天不断地改进……就会成为教学中不可缺少的工具。

方法32

轻声细语是有效的课堂管理策略

标签：课堂管理 讲话技巧

课堂管理的进步不一定来自于大的、戏剧性的转变，而是源自细小的调整。你的做事方法、说话方式、动作和学生关系的点滴改变，都可以起到很大的作用。

声音就是一个很好的例子。大多数老师说话声音太大，因为他们觉得说话声音越大，学生就会听得更认真。但事实并非如此，学生会不喜欢喊着发号施令的老师，对于他们来说，这样的声音听起来就是唠叨、威胁或者说明老师不相信他们能够跟上。这也是他们经常不情愿地听从指示，或者干脆选择忽略的原因之一。

相反，轻声细语能够鼓励学生认真听讲，愿意听从老师的指示。原因如下：

学生会变得安静

当你降低声调时，学生会本能地停下来，然后听到你说的话。他们不会再坐立不安、敲这儿敲那儿、窸窸窣窣地乱动，也不再交头接耳、在座位上乱扭，或者撕纸。

所有可能困扰你的、打断你思路的、使得你不得不一遍遍重复的恼人举动都将停止。

学生会身体前倾看着你

老师最好能柔声细语地讲话，让教室后面的学生不得不稍稍费点力来听你讲课，这样当你说话时，学生会身体前倾仔细盯着你。

这样学生更容易理解你的话、关注你传达的信息。相反，当你大声讲话时，学生会走神、四处乱动、忙自己的事。

学生会想要听见你说话

当你用愉悦而冷静的声音发布指示时,你的信息能够传达得更好。因为这时你的声音显得非常礼貌，学生觉得你相信他们听讲的能力，因此也会配合你。

和大人一样，学生希望得到尊重，需要老师信任他们吸收知识的能力，而不是一股脑地灌输，因此学生会用听话来报答你的信任。

学生会变得更冷静

柔声细语地说话是对学生的一种抚慰。只要老师张嘴说话——尤其是那些说话声音大、没有停顿、给人压力很大的老师——就容易引起兴奋和紧张感。

而冷静、礼貌的声音则说明老师能够掌控全局并清楚自己正在做什么。这是对学生的一种安抚和缓解，让学生自由地关注所学的知识。

学生会接受你的提示

老师的性格决定了课堂的特点。如果你总是喊着发号施令、和学生谈话，那么你的课堂一定非常吵闹、混乱。

行胜于言，如果老师放低声音，礼貌地和学生讲话，学生也会模仿你。在和老师以及同学讲话时声音更加柔和、尊重。

说出心中所想

激情是成为好老师的必由之路，因此在讲课、动员学生，或者做活动时，老师要充分发挥嗓音的力量、释放激情，成为你理想中那个鼓舞人心的老师。

但在发布指示、处理学生表现问题，或者对待课堂每日规范时，最好放低声音，站在固定的位置，直视学生的眼睛，温柔地讲话。告诉学生你想要的。

他们就会满足你的愿望。

方法33

对学生要多观察、少帮助

标签：课堂管理 正确做法

大多数老师对学生观察得太少——因为他们忙于找学生谈话、弯下腰来帮忙、挨个劝解学生。

他们认为如果不努力、不和学生沟通互动、不在教室四处走动，或者提醒学生，那么教学的效率就不高，自己也不是一名好老师。

但过度地帮助学生并不能让你成为一名好老师，而是麻烦的体现。这说明你的课堂管理效率低下、学生在学习上不够独立、进度缓慢、教室环境乱成一团。

尽管有时你可能参与到上述活动中，但在学生独立完成任务时，你在旁边静静观察的时间越长——你的效率也越高。原因如下：

学生的表现会越来越好

学生的违纪现象多发生在老师转身、说话，或者忙着处理其他事情时，如果你观察得更多，学生的表现就会好转，从而更专注于自己的任务。

在学生独立完成任务的时间，如果你把重心放在观察上，而不是一个个地重复讲解刚才的内容，那么没有几个学生会公然在你面前违反纪律。

学生会变得更加坚强独立

如果你养成讲完课马上帮助学生的习惯，其实是训练学生依赖你。当他依赖一对一再教学时，就没有什么动力认真听你第一次讲课了。

相反，老师不介入，而让学生独立面对眼前的挑战，这赋予了学生一种权利，让他们能认真听讲、机智提问、有信心攻破难题。

随后你会发现举手的学生少了，需要帮助的学生少了，落后的学生也少了。也就是说，老师观察得多，帮助得少，学生就会更加顽强独立，甚至会对你的帮助感到反感。

学生会完成得更多

让学生迅速、专注、独立地实践所学的内容是成功的关键，并且有利于更好的学习和更快的进步。但首先老师要懂得放手，退到幕后，让学生自己去学习。

那么成果会非常显著的，学生的毅力、注意力和获取信息的能力都会有所提高，集中注意力的时间也越来越长，老师的课程进展也会越来越快。

你会更加了解学生

当你从帮助逐渐转变为观察后，你会发现自己更加了解学生了。

熟知学生的进度和需要后，你的课程会更加紧凑、高效，并能够根据学生的需要进行调整，也知道在让学生独立完成任务前要给予多少指导。

什么是成功的教学

观察是教学成功的秘密之一，但观察并不意味着坐在桌子后、盯着一屋子困惑的学生放空，观察的意义远不止如此。

观察是指老师全神贯注在学生身上——通常要在远处站着，俯瞰整个班级。观察可以让你的讲解敏锐而有活力、指示更加准确，并且在确保学生完全理解后再布置独立完成的任务。否则不只你失去了自由观察的时间，学生也失去了自主学习的机会。

学生在完成独立任务时不能再依赖你的帮助了。老师应时不时地给学生安排此类任务——需要在安静、专注和不被打扰的情况下完成的任务，这对学生来说并非难事，他们完全可以胜任。

当整个班级的学生都沉浸在自己的任务中，听不见敲铅笔或键盘的声音，看不见透过树叶投射进来的晨光……也感觉不到你的存在，而你则在旁边心满意足却时刻冷静地观察着，知道学生每分每秒都在进步和成长，正在变得越来越优秀，也越来越独立。

那么这就是成功的教学。

方法34

激励学生内在动力的8种有效表扬

标签：课堂管理 表扬

老师经常对学生表扬过度，要么过于频繁、过于公开，要么言过其实、夸大其词。只要他们完成正常人可以做到的小事，就会得到表扬。当优秀的标准不断降格，他们追求卓越的精神也会逐渐消退。

诚然，他们在接受老师的表扬时还是会红着脸微笑，也会配合地举着证书和奖励贴纸留影，但表扬如果不恰如其分就失去意义了，每个学生的心里都深深清楚这一点。

因为每当你因为一些不需要辛勤付出或动脑思考的事情表扬学生时，其实从一定程度上损害了他们的尊严。就像一个低沉恶毒的声音在他们耳边悄悄说着，“嘘！第三排那个，就是你，虽然赢了一个笑脸，但你知道自己其实没有那么优秀，对吧？老师奖励你是因为你能达到一般水平”。

相反，如果老师克制自己，不因学生的正常表现而表扬他们，反而看到真正的成功，那就能充分发挥学生的内在动力。这种鼓励能够给每个学生一种所向披靡的力量，激励他们不断超越自己，发出来自山顶的胜利之声，“你成功了！你可以做得更好！”

下面8种有效的表扬方法可以帮助你激励这种动力。

1. 值得

基于成功的表扬才是真正有意义而持久的，当然对于每个学生来说成功的标准也是不同的，这种表扬方式向学生证明了你了解他们独特的能力，所以当你看到值得表扬的事情时，就可以出击了。

2. 低调

低调是最有效的表扬方式之一。隔着教室的一个眼神交流，恰到好处的一个认可的词语，或者简单地点点头——这些特殊的时刻能把学生的内在动力推到巅峰。

3. 私下表扬

让表扬成为你和学生间独享的时刻，似乎听起来有违常理，但比起那些言过其实的公开赞美，私下的表扬更有价值，也更具激励作用。

4. 安静

偶尔给予学生一些无声的表扬，也能产生特殊的效果。例如静静的掌声、握拳、眨眼、会心的笑容，甚至老套的握手都是刺激学生内心小宇宙的绝佳方式。

5. 写下来

老师认真地手写一张便笺，叠好后放进学生的书桌里，这也许是最行之有效的表扬方法。如果你写的都是肺腑之言，学生也会珍惜你的话语——把它当成灵魂的指南针一直珍存。

6. 姗姗来迟

真正有效的表扬并不一定要紧随成功的脚步而至，有时最好等到你的表扬更加可信也更出乎意料的时候再出击。在学生不知道你一直在观察的情况下，一句出其不意的赞扬效果尤其显著。

7. 开发潜力

对学生尚未激发出来的能力提出表扬，可以促使学生开发潜力。如果你觉得学生比想象中做得要好，直接对他说一句，“你这么聪明，以后数学测验一定会拿到更多的A”。学生听到自己信任和崇拜的老师说出这句话，不仅会信服——还会为之改变。

8. 一起庆祝

是的，有时学生们需要欢乐、热烈的庆祝。但秘诀在于态度要真诚且符合情境。最好和一个小组的学生一起分享这一真情流露的时刻，如果能和全班一起庆祝就再好不过了。

不要吝惜你的表扬

老师不仅要避免不当的表扬，还要认可学生的每一点进步。只有恰到好处的表扬才能激发学生的内在动力，使之朝着正确的方向前进。

但老师绝不能把表扬藏着掖着，如果你发现学生的表现超出了预期，并取得了真正的进步，一定不要把学生晾在一边，否则成功的果实就会消亡。这时老师要让学生知道你一直在关注他，因此要给予真诚的、发自内心、有的放矢的赞美，学生的表现会令你大吃一惊。

甚至超乎你的想象。

方法35

3种错误的表扬方式

标签：课堂管理 表扬

对学生真正的进步发自肺腑地赞美是老师管理课堂的法宝，表扬能够开启学生自己内部的发动机，激励他们向着成功迈进。同时表扬也可以向学生灌输这样的想法：努力不会白费的，值得他们付出汗水。

诚然，没有你的明示，他们也能看到成功带来的甜美果实——更加出色的技巧、更高的能力和更强的信心，但你的表扬能够加深学生的体会，使之更加持久深刻。

优秀的老师要时刻关注学生超出预期的成功、努力和战果。表扬是一门艺术，需要视学生及当时的情况选对语调、时机和方式。尽管老师最好经过深思熟虑给出适当的表扬，但自然的感情流露也是难能可贵的——发自内心为学生和他们的成绩骄傲的心情。

然而，好多老师的表扬不够真诚，也不是纯粹地想突出学生辛苦努力的结果或成功，而是完全出于自己的意愿。下面列出了3种错误的表扬方式，不仅起不到表扬的效果，而且更多的是出于老师自己的需要，而不是为学生考虑。

1. 为了个人利益

在这个情景中，老师表扬学生的目的只是为了安抚或制伏学生。老师经常使用这种方法对付问题学生,因此这种表扬是带有目的性的，并不诚恳。

“安东尼，今天的表现不错，继续保持！”

学生并不是因为某个具体的进步或成功而得到表扬，老师只是想安抚或者监督他们，让他们不要违反纪律，也就是说，表扬的目的是为了老师自己的利益。

2. 为了控制学生

这种表扬形式通常是为了让整个班级的同学好好表现。因此老师一般会表扬一个达到预期目标的学生，希望全班都能效仿。

“哇哦，我喜欢大卫的坐姿，就该这么做！”

这种通常被叫作“抓好的典型”的做法也很虚伪，老师并不是真的欣赏大卫的坐姿，因为正确的坐姿是老师已经提出的要求，并不是什么超出预期的成绩，老师只是把大卫当成了踏板。

注意：影响其他学生的诚实做法是，直接感谢大卫能够保持正确的坐姿。

3. 出于义务

许多给老师的建议中提到不能过多或过于热情地表扬学生，一定要有的放矢。因此老师每次发现学生一丁点还不算太差的表现，就觉得自己可以理直气壮地表扬学生了。

“好样的，卡拉！你按照我教的方法找到要借的书了！”

老师之所以这样是因为他们认为优秀的老师都会这样表扬学生，然而这却使他们忽略了学生真正出色的表现，或者用赞赏借到书的语气来表扬学生真正的成功。

赞扬真正的闪光点

上述3个都是错误的表扬方式，即表扬的对象不是真正的成功。其问题在于老师降低了优秀的标准，让学生觉得只要做到一点点就是很了不起的成就了。

好比本该属于百老汇的明星，现在却沦落到了乡村剧院，或者学生费尽心血写的诗，却得到和正确的坐姿相当程度的赞美。

为了让你的表扬更有意义、更能改变学生的表现、激发优秀的品质，或者鼓励学生成为下一个康明斯①或艾米莉·狄金森②的梦想，你必须赞扬真正的闪光点，必须真诚而发自内心，

① 康明斯（E. E. Cummings），全名为 Edward Estlin Cummings（1894–1962），美国现代诗人。

② 艾米莉·狄金森（Emily Dickinson，1830–1886），美国传奇诗人。

必须对学生任何一个超常的进步给予适时地、来自灵魂深处地认可。

注意：闪光点因人而异，老师要擦亮双眼，练就火眼金睛去发现学生真正的成功。

方法36

教师绝不能和学生建立伙伴关系

标签：课堂管理 师生关系 禁区

为了更有效地管理课堂，老师要和学生建立联系，即通过幽默、友好、人气等等建立起能够影响学生表现的师生关系。这种关系也会给你带来丰厚的回报。老师与学生间的往来、信任和感情，使教学远远超越了单纯的工作，而被赋予了更深的意义。

但在建立师生关系的过程中有一个禁区，绝不能越雷池一步。如果你想与学生建立同龄人那样的伙伴关系，那么你就是在搬起石头砸自己的脚。原因如下：

他们不会再尊敬你

学生需要的是一个让他们尊敬的老师，而不是一起玩闹的伙伴，你毕竟不是他们的同龄人，那就不要装成同龄人的样子。当你试着跟学生讲流行语、故意扮时髦或者和他们过于熟悉时，学生就不再尊敬你了，能够影响学生的是老师，而不是伙伴。

他们不会再听从你的指示

在和学生的互动中太过随意会影响你说话的力度。随着时间的推移，你的话会逐渐失效，并且会有更多的学生摆出一副厌学的态度。

他们会挑战你的权威

只要学生嗅到一丝你这个“时髦老师”的气息，他们就会挑战你的权威。最后你很可能要和学生一决胜负，来争夺教室的控制大权。

规则将不再奏效

学生会时不时地违反一下规则，作为你这种伙伴式的管理风格的回应。他们会在上课时站起来走向你、不举手就发言，学生觉得既然你是他们的好伙伴，那么规则也不再适用了。

学生会把惩戒当成是针对个人的

学生在接受隔离惩戒时，会把责任归咎到你身上，认为你的惩戒伤害了他们的感情，并且会生你的气，有的还会撅嘴，发点小脾气，甚至和你冷战。

责任感会失效

只有学生发自内心地意识到自己的错误，责任感才会起到作用。因此如果他们接受隔离惩戒时觉得你背叛了他们而生气，不仅不会意识到自己要承担责任，也会失去改正的动力。

老师会放松要求

当你执行惩戒时，如果学生表现激烈，你可能会自然地降低要求，小心翼翼不惹他们生气，这样非但不是你在影响学生，反而是学生控制了你。

建立师生关系的小窍门

建立师生关系的同时让学生清楚你的角色并非难事，只要遵从下列技巧，你就能够做好一名老师，而不是让他们失望的朋友：

做一名老师、指导者和榜样，而绝不是伙伴。

和学生保持一定的礼貌但友好的距离。

可以给学生讲笑话，但要在全班的面前讲，不要区别对待。

不要用流行语和学生讲话。

做出礼貌的表率，并期望学生也能如此对你。

拒绝任何加为社交网络好友的邀请。

履行课堂管理规则，并对所有学生一视同仁。

致力于打造一个学生喜爱和向往的教室。

能够驱使学生改进，并乐于学习的影响力并非来自伙伴一样随意、耍酷的友谊，而是来自学生对你的喜爱和尊敬。

如果学生因为你的友好、幽默而喜欢你，或者因为你言出必行而尊敬你，那么你的影响力自然会越来越强。

方法37

把教室打造成学生的避风港

标签：课堂管理 日常规范 学习环境

那些闹得满城风雨的公众事件和八卦新闻——包括哪个学生无家可归，谁的母亲进了监狱，或者哪两个孩子的父亲吸毒潜逃了，这些都是我们可以得知的信息。

可是剩下那些不为人知的事情呢？那些尘封的、石沉大海的秘密怎么办呢？那个坐在前排害羞得不敢看你的眼睛的男孩有什么故事呢？他看起来受到了很好的照顾——干净的衣服、整齐的发型和崭新的运动鞋。但你不知道他回到家面对的又是什么——酒后的咆哮、贬低和侮辱，这些给他造成的精神伤痛就像战争带来的伤疤一样难以磨灭。

事实上，不管老师怎么警惕，都无法预知孩子迈出教室后会发生什么，也不了解那些像背包一样重重地压在他们肩上的伤害、恐惧和悲伤。

这些勇敢的孩子装出笑脸，巧妙地隐藏自己的秘密。尽管老师不能了解他们面临的所有困难，但可以确保教室会是他们的避风港，让他们能够松一口气，知道自己是被爱着、被保护着的，从而暂时忘记伤痛，自由地学习和享受校园生活。打造避风港的方法如下：

依靠行程、日程规范和流程

把上学的日程排得满满的，可以让学生感到舒适、卸下防备、投入到紧张有序的课程中。认真培养学生的日程规范和流程，尽量保持统一的日程安排。

保持安静、整洁的教室环境

一个吸引人的教室环境向学生传达了你对尊重、习惯和表现的重视。让学生一走进教室就觉得这里是个有序的世界，与他们平时生活混乱的环境截然相反。

做一名言行一致的老师

老师出尔反尔、言行不一致，不仅会给学生带来困扰，也会深深地影响他们对你的信任。它还会引起学生的不满情绪、低落的士气，还有不好的表现。这样会使课堂气氛变得沉重而阴郁，让学生觉得你和其他大人一样不可靠。

态度友好

虽然简单却意义重大。无论遇到什么困难，都要友好、耐心、温柔地对待每一位学生。只要做到这一点就能赢得学生的喜爱，并建立起良好的师生关系。

保护学生免遭打扰

这是打造学生喜爱的课堂的关键。无论旁边的同学是谁，都要让学生感到安全和舒适。让学生每天上学时都坚信自己会度过愉快的一天，而不会被别人打扰、烦恼或欺负。

不要把违纪当成是针对你的

对犯错的学生大喊、威胁、讽刺，或者喜欢把违纪当成针对自己的老师很难得到学生的喜爱和信任——虽然学生通常不会表现出来。这类老师通常不懂得履行课堂管理规定——而这个规定能让学生的表现达到最高标准而不会引起老师和学生间的摩擦。

维持一个平和的学习环境

在高压环境中学习的孩子很能做出成绩，而这样的环境对校外生活不平静的学生影响尤其大——经常会导致学生自闭、捣乱，或严重的违纪行为。教室环境其实是由老师自身决定的，只要你保持平静、处事冷静、态度友好，就能奠定一个平和的基调。

避风港

对学生来说，外面世界的诱惑和危险越来越多，拉着他们一点点步入歧途，背离有意义而成功的人生所需要的学习技巧、道德品格和行为标准。但老师们可以进行反击。

要和多姿多彩的世界斗艳，帮助学生战胜家庭生活中的不快。

当老师把课堂管理设计当成第一要务来执行时，不仅建立起了自己理想的教室，也能够创造出对学生最有利的环境。

老师能够打造一个学生喜爱、向往的教室，在那里，学生可以建立真诚的友谊、培养责任感和独立的品质，增长知识，无忧无虑，没有压力。

老师可以为学生创造一个避风港。

方法38

应对失控局面的方法

标签：课堂管理 失控应对

也许就在你提高嗓门想盖过学生的声音让他们听讲时，也许在一节混乱的课程中间，也许在你和最得意的门生眼神交错的电光火石间——你发现在他或她的笑容背后藏着一种因为受到打扰、浪费时间而流露的伤感和疲惫。

有时你不得不面对现实，不得不狠狠地摇醒自己看清楚这一切：不是学生太调皮，不是社区氛围不好，也不是因为家长、社会、电子游戏，或者缺少管理层的支持，只是班级的局面失控了。

但是一旦你发现问题，或者决心改变这个压抑、混乱的教学环境，你就可以有所作为。

也就是说，任何时候只要你想都可以重新掌控你的班级。只要使用下列策略，无论你走进任何一个教室，都可以在30分钟内让学生安静下来。方法如下：

第一步：表明立场

首先让学生坐好并保持安静。但是有可能在班级失控时，学生对你的尊重也随之消失了，所以这并不是一个轻松的差事，仅仅提出要求并不能换来他们的顺从。

那么你该怎么做呢？做你该做的。这可能需要你不断耐心地重复，“请回到自己的座位”，也可能需要你四处走动要求或赶着个别学生回座位，还可能需要长达五分钟的请求，但不管情况如何，当你在做这件并不光彩的事情时，要下定决心再也不让这一幕重演，决心不让整个班级再下滑到这个程度——依靠恳求来说服学生。

一旦学生坐好后，让他们清理课桌，避免分心，然后要求他们安静。说出你的要求后停顿30秒左右再次重复，直到学生们彻底安静下来。

接着老师只需静静等待，不要四处走动或忙于其他的事，把学生、他们的学习和对班级的控制放在首位。等待的时间越长说明班级失控的程度越严重，但是鉴于之前的失败，你必须等下去。

在遵守上述建议的过程中，千万不要表现出烦躁，因为一般等待不会持续太长时间。等学生安静下来后，我建议让沉默持续五分钟后再开口。

你想要告诉学生不能再这样下去了，坚定立场是一件让他们、让你、让所有人都受益的事，让学校和社区里其他对自己班级失控的老师，从此不需要再大喊、苛责，做那个自己厌恶的人了。

这里必须要指出的是，在学生沉默的过程中老师也不能讲话、解释自己，或告诉学生为什么要坐着等待，只有让学生自己想明白原因，这个策略才能奏效。

第二步：做好一件事

在第二步也是最后一步策略中，你要打好基础，让学生知道从这一刻起你希望他们如何表现。

最好是从一项普通的日程规范入手。整体来看，排队离开教室是最佳的选择，因为这是每天都要重复的活动，也是错误的高发时期，只要做好这件事，就能带动其他的规范、流程、任务和活动。换句话说，如果学生能排好队，就能做好其他所有的事。

同样地，老师还是不要解释，尽可能少说话，而是用行动演示排队的要求，直入主题，“当我要你们在门口排好队时，你们就这样做”。

老师要示范一个令自己满意的标准动作。也就是说，假如你挥一挥魔杖就能让学生按照你的意愿排队，那么你希望他们怎么做呢？冷静？安静？礼貌？还是手臂放在两侧，朝前看，每人间隔一英尺呢？你完全可以天马行空，因为你的想法一定会实现的。

询问是否有人不清楚，确定大家都明白后，给学生一个实践的机会，这很可能会是他们排得最好的一次。但是只要有任何一个问题——当然发现问题也是你的强项——必须让他们回到座位重新来过。

记住你现在正给学生传递信息，这是一个改变的过程，等于把全班翻了个底朝天，摇一摇然后从新开始，而你正在给一个混乱和无序的环境重新恢复秩序，因此如果练习排队需要20分钟，也绝对不要吝惜时间。

让学生证明自己

打好了第一块基石，你就可以放手做大事了。在首战告捷后，必定会捷报频传。而一个充满好学、友好和尊敬氛围的课堂就是在一个个规范、一节节课等的基础上叠加出来的。

下次如果你发现火车有脱轨的迹象，首先冷静地减速，迅速刹车，让教室里所有的运动，包括墙上的挂钟都归于静止，让学生重新回到课桌前，直到他们表现出应有的注意力和尊重。

然后让他们再次证明自己。

方法39

千万不要亡羊补牢，请随时按下重启键

标签：课堂管理 执行

课堂管理中一个令人欣慰的事实就是你随时可以按下重启键，让一切重新来过。

该出手时就出手，一旦你发现学生的积极性开始减退，表现也开始下滑，那就是时候推倒重来了。千万不要亡羊补牢，现在就行动起来。

老师要每天关注学生的动向，一旦发现什么风吹草动就要重整旗鼓。方法如下：

从早上开始

重启的最佳时机是早上，即当学生刚刚到达学校时。另外，如果某天下午学生的表现不够理想，你就要放慢步调，少说话，等学生安静下来注视着你，再进行下一项任务。

重新排座

在学生到达前改变座位安排和分组。新的座位会传递给学生一个改变的信号，告诉他们以往的方式不再奏效了。

打扫教室

外部的环境也会对学生行为产生显著的影响。无需你多言，一个整洁、干净、洋溢着自豪感的宽敞空间本身就在给学生传递着信息——你对他们的期望很高。相反，杂乱无章的环境在告诉走进来的人，“差不多就够了”。

留出一小时（或者更长）的时间

大多数老师都急于讲授课程，而鲜少留意教学中最有效的一点：课堂管理。其实老师应该把每天日程表中的第一项空出来，至少留给自己一小时来整顿班级。

首先示范流程

学生需要了解在学校的每一刻需要具体做些什么，怎么能够做好。如果他们没有弄清楚，那就大事不妙了。日程规范和流程都是你成功和保持头脑清醒的必要条件，因此在每天预留的一小时的前半段，老师要不断带领学生复习、示范、练习这些规范。

练习排队走路

在所有的流程中，列队前进是最重要的一项了。没有什么能比训练学生走出流畅、轻快和笔直的队列更快、更有效地集中他们的注意力。这能培养学生正确的处事态度，并把这种态度传递到他们做的每一件事。

重新介绍课堂管理设计

在练习流程后，学生会变得更加冷静、认真和听话。是时候重新介绍课堂管理设计了，像开学第一天那样示范每一个规则和惩戒。

调整自己

如果学生不再注意自己的表现，老师也会逐渐放松对课堂的管理，就这么简单。所以不妨坦白告诉学生你没能惩戒他们，因此也没有完成自己最重要的任务：保护你们的学习不受打扰，然后保证以后不会再发生了。

开足马力

如果什么时候你觉得因为自己的错误，或失职让班级的局面失控，那不是学生的问题，他们并没有错，错的是你。

有效的课堂管理需要老师时时刻刻的投入，只要你放松标准，就得付出代价——而且是连本带利地还回来。

解决的办法就是开足马力，推动着学生朝着不断提高的优秀目标前进，如此一来你就不需要按下重启键了。

方法40

少走动，少说话，多停顿

标签：课堂管理 日常规范

为课堂管理烦恼的老师们难免想要努力多做点事，多说、多走动、多和学生谈话，他们争分夺秒地讲课，想要抢在学生被吵闹的环境分心前完成进度，还有的老师不断设计新的表格，尝试新鲜的激励方式，或者设计新规则。

不久，他们就习惯了这种叫人抓狂的节奏了，也许这就是当老师必须付出的代价吧，可是除了马不停蹄地做这做那，还有什么好办法吗？

现在深呼一口气……如果你放慢速度，少走动，少说话，不时地暂停一下，课堂就全在你的掌握之中了——课堂管理也不再是什么难题。

下列技巧将教会你怎么做地更少。

放慢速度

放慢脚步是明智之举。如果你争分夺秒，事事赶在学生前面，不仅会失去民心——也会失去对班级的掌控。当你放慢进度时，不仅会覆盖更多的内容，也会让教室内的气氛变得平和，学生的表现也会更好。

少走动

许多人建议老师经常在教室里走动，不要总是在一个地方停留，这个建议显然漏洞百出。学生需要把注意力全神贯注在你和你的讲解上，因此讲课时最好固定一个位置，给学生的眼、耳、心找个归宿。

少说话

许多老师都爱讲话，而事实上，你说的越多，学生听进去的越少，也更容易违纪。想要让自己的话掷地有声，最好言简意赅、直截了当。省省嗓子去激励学生、阅读、讲故事和做活动吧！

常停顿

老师在和学生讲话时，要不时地停顿一下，留出一两拍的空当，让学生回味、消化你说的信息，也能让他们跟上进度。

什么都不做

如果学生不听从你的指示，马上停下手头所有工作，站在教室最显眼的位置等待学生安静下来，当学生静下来、看着你，再稍等片刻，理清思路，做好准备然后再重复一遍刚刚的话，等待学生做出反应。

降低声调

当你提高嗓门说话时，其实是在训练学生只听从你大喊的话，而不理会其他，就像在说，“好的，我大喊是因为这次我是认真的”。如果你希望学生听话，就要柔声细语，最好需要稍微前倾一点才能听清你说的话。

相信课堂管理设计

你的课堂管理设计是有针对性的，要让它物尽其用，由它来管理班级，你就可以从恳求、劝解、讨好学生好好表现的闹剧和困扰中脱身了，那些方法不仅会让你筋疲力尽，而且起不到丝毫作用。

一个全新的你

今天起下定决心做出改变。那些试着做得更多、随波逐流、希望学生好好表现而压抑奔波的日子将一去不复返。相反，你要决心做一些有效的事。

学生对老师的特定表现也会有特定的回应，因此你不能为所欲为、即兴发挥。课堂管理比其他教学领域都更要求老师的聪明才智，而不是使蛮力。

这就是一个很好的例子，做得多了反而弄巧成拙，做得越少效果却更好。

方法41

每天2分钟调整不利于课堂管理的6种性格

标签：课堂管理 个人魅力

如果你还在为课堂管理而纠结，并且一直找不到原因，那么你最应该反省的是你在课堂中的性格。许多老师学生在的时候一个样，学生走了以后又变了一个样。

当然这有时也是好事——如果学生的陪伴能让你变得像百老汇歌者一样快乐或像湖水一般的平静。

但对于大多数老师来说，面对一大群活泼的孩子，至少从某种程度上会让你的性格成为影响课堂管理成功的绊脚石。

好消息是只要两分钟的调整，你就可以消除这些对你不利的性格，取而代之的是那些对你有帮助的个性。

下面6种性格会给你的课堂管理增添困扰，把它们抛开你就能做得很好。

1. 缺乏耐心

缺乏耐心的老师说话快、行动也快，在处理学生的错误时往往反应过于偏激或情绪化，他们往往急急忙忙地讲课，对学生的期望也自然降低了。这种紧张、永无宁日的教室气氛更容易导致学生违纪。

2. 易怒

老师发一次怒就足以破坏几周来辛苦建立的师生关系。当你对学生大喊、责骂、讽刺或发脾气时，不仅是在疏远学生，也辜负了他们对你的信任和尊重。你的亲和力、受欢迎程度和影响力都会随之下滑——而这些都是课堂管理的有力工具。

3. 悲观

生性悲观的老师很难创造出一个有序的课堂。老师对学生——特别是问题学生的负面想法、感受和态度——是无法掩饰的，它会通过你的话语、肢体语言，以及声调表现出来，影响你和学生建立良好的关系。

4. 烦躁

烦躁（满腹牢骚、喜怒无常）会让学生觉得你不可靠或不可信，从而引起他们的不满、困惑和骚动。烦躁使你无论是对待课堂管理设计，还是在和学生互动时，都不能保持一致，因此学生犯错的频率和程度都会不断变大。

5. 过于敏感

这种老师通常都会下意识地报复学生。他们不能自已，于是出于不满或是其他原因，他们会犯下许多课堂管理上的错误，如大喊、斥责、怨恨等，这些会导致学生表现的恶性循环。

6. 易受挫

经常叹气、翻白眼、面红耳赤地讲话——老师这些易受挫的表现会给课堂蒙上一层让人透不过气的紧张气氛。如果老师被学生牵着鼻子走，不仅课堂会变得紧张和压抑，学生还会伺机挑战你的权威。

两分钟的调整

你在学生面前的表现决定了课堂管理的效率——其效果超过大多数老师的想象。如果你容易受到上述六种中某个或某些性格的影响，那么控制好自己的性格会让你成为一名更优秀的老师。

最简单的方法就是在每天学生来到教室前，花几分钟时间闭上眼睛，想象你如何冷静、自信、有序地管理班级，如何协调应对学生的错误，如何愉快地讲课，学生如何积极回应，你如何和学生建立良好的关系，又怎样履行课堂管理设计。

当你选择看到你自己和学生最好的一面，当你把教学中最美好的体验定格在脑海中……你就会取得成功。

方法42

切忌对学生大喊大叫

标签：课堂管理 个人魅力 冷静处理

在当今时代，成为课堂管理专家是老师的必由之路——否则你将面对一个难以驾驭、让人抓狂的班级。在这种情况下你很容易失去理智，变成你最不想成为的那类老师。

而当你真的对学生大喊、斥责、比划时，学生通常会立刻改正。狠狠地训斥学生可以暂时解决问题，但也会酿成大祸，对学生大喊大叫是要付出巨大代价的。原因如下：

进步只是暂时的

大喊大叫只能维持暂时的和平，好比逞一时之快的恶霸一样，喊叫的目的是吓唬学生乖乖听话，这种方法奏效的唯一原因是老师有较大的特权。

并不能真正改善表现

只有当学生愿意好好表现时，才会出现真正的改变。这需要学生的责任感，加上一个他们喜欢和信任的老师的共同作用。相反，大喊大叫只会导致更多的违纪行为。

削弱你的影响力

喊叫会让学生讨厌你、怀疑你、想要破坏你的课堂。就算只有一个调皮的学生，也不会让你的日子好过，这是你不得不面对的现实，所以你要让学生站在你这边。

取代了真正的惩戒

这类老师在处理学生的错误时，不是根据课堂管理设计进行惩戒，而是对学生大喊大叫，学生很快就会发现，只要他们忍受老师的爆发，就不必接受惩戒了。

破坏了学生的责任感

喜欢在学生接受隔离惩戒时长篇大论、大喊大叫、斥责相向的老师，会给师生关系留下永久的伤痕，导致学生的愤怒和不满，因此学生在接受隔离惩戒时，非但不会反省自己的错误，反而会怪罪于你。

导致学生不听你的话

当你对学生大喊时，是在训练他们只在你提高声调时听话，也就是说，他们知道你只有喊着说话时才是认真的，在你明白这一点之前，都得像狂欢节杂耍的人一样发号施令。

让老师压力山大

大喊是烦躁的表现，说明老师已经被学生的行为打败了，这也说明你认为学生的行为是针对你的，所以试图报复学生。同时喊叫带来的巨大压力也不利于你的健康，到那时教学就变成一种无趣的艰难跋涉了。

很难为自己辩护

对学生喊叫几乎名列家长投诉榜单之首，老师很难为自己辩护，“抱歉，我只是没有控制好自己”就是你能找到的最好说辞了。事实上，无论学生犯什么错误或多么不敬，老师都不应该用喊叫来解决问题。

粗鲁无礼

如果把你发脾气的情景录下来，会是什么样呢？不管答案如何，有一点是肯定的：不会好看到哪去。你还不如拿起一个扩音器大喊，“嘿！你们听着——学生、家长、领导——我没能管好自己的班级”。

树立了一个负面的榜样

你的行为对学生的影响远远超过你的言语。当你大喊大叫、情绪激动地处理学生的错误，或者发脾气时，给学生树立了一个负面榜样：在无法达成心愿时怎么撒泼耍赖。

除了大喊大叫……我们还能做什么

无论你对学生的行为多么失望，都不应该对他们喊叫。因为这样虽能抵一时，却要付出巨大的代价。所以与其做那个以喊叫闻名的“恶”老师，不如做个让所有学生尊敬、崇拜和热爱学习的老师呢！

首先，要设计一个对所有学生都公平的课堂管理设计，然后贯彻实施。接着运用本书中提供的简单易懂、操作方便的策略打造一个你和学生都为之向往的学习体验。

方法43

搞砸了？第二天先向学生道歉

标签：课堂管理 修补错误

没错，你发了一通脾气、提高了嗓门、训了学生一顿，然后气鼓鼓地跺着脚走来走去，你做了一些自己并不引起为傲的事，说了一些让自己悔之晚矣的话。

现在，随着放学铃声的迫近，一种负罪感在啃噬着你的内心。你一如既往地微笑着和学生告别，看着他们走出教室，然而你心里清楚孩子们变了，失去了天真或对你产生了失望，总之他们头也没回地离开了。

你关上门锁好，走到讲台前坐进自己的椅子，双手抱头想着，我都做了些什么？是不是把一切都搞砸了？

亲手打破学生的信任、破坏自己辛苦建立的师生关系，那种感觉仿佛世纪末日的来临。但老师不必太过担心，学生们很善于原谅，只要方法得当，你就可以赢回他们的芳心。方法如下：

等到第二天

最好等到第二天早上，再解释自己之前的失态，给你自己和学生一个全新的开始，在崭新的一天里，给你们双方一个重新了解彼此的机会。

承认你的错误

等学生坐好后，马上进入主题，直接说，“昨天数学课上，我不太喜欢你们的表现，但我做得也不好，不该跟你们发脾气，我在这里向你们道歉”。

注意：这既是对自己道歉，也是对学生道歉，你给学生树立了一个好榜样，这也是解决问题的最快途径。

让学生们消化吸收

在你简单而直接的道歉后，给学生们一点消化理解的时间。停顿也可以防止你继续说个不停，从而稀释你说话的力度，这是意在用最快、最深刻的方法解决问题，而不引起慌乱。

抓住机会

现在是你弥补之前印象的大好时机，不管之前学生做了什么让你失控的事，你都要给他们一个重新来过的机会。

避免游戏和玩笑

虽然老师想要重新吸引学生，但绝对不能用幽默、一场简单的游戏，或者通过降低标准来赢得学生的心，这些只不过是老师操控学生的手段，对学生来说没有什么实质意义，同时也是对你们的师生关系的亵渎。

放慢步调

信任是建立在始终如一的基础上的，师生关系和影响力是靠日积月累的坚持来维系的。因此老师应保持愉悦的心情，凡事切忌过头，冷静地对待学生的每个错误，那么你就会在不知不觉中重新赢得学生的青睐。

吸取教训

人非圣贤孰能无过，但是如何面对自己的错误让老师间拉开了差距。因此你可以把错误当成进步的契机，以此来获得学生更大的认可。

保持冷静

保持冷静的最大秘诀就是绝不要让学生的错误超出你的底线。如果你看到有什么不满意的地方，要么立刻叫停，重新示范后让全班重复，要么对于个别学生，只需要执行课堂管理设计。

大多数老师要么做得太多了，要么说得太多了，并没有让学生完全遵守规定和指示。

诚然，他们会提醒、警告、抱怨，直到嗓子痛得说不出话，但他们从没想过改变，只是一味地忍耐，随着时间的推移，积少成多，等事情发展到一发不可收拾的地步，老师就难免做出或说出什么让自己后悔的事，甚至每天都要如此重复。

然而，按照你的理想设定标准，帮助学生努力达到标准，不仅会让你保持冷静和愉悦的心情，还会建立起对你和学生的成功至关重要的师生关系。

方法44

让教师更冷静、更高效的5种方法

标签：课堂管理 个人魅力

你的性情对学生有着强大的影响力，如果你总是紧张、压抑、焦躁，学生就更容易犯错——因为这类老师会让紧张的气氛弥漫到整个教室，学生一走进教室，就好像去了一个敏感的主人家里做客一样，立刻警觉起来。

毫无疑问，紧张感不利于课堂管理，它会导致学生兴奋、走神、易犯错。好消息是要克服紧张感并不难，老师冷静并且心平气和地完成每天的教学亦非难事——这就像雾霾散去，阳光普照大地一样让人清爽舒畅。方法如下：

决心

在学生走进教室前，你要下定决心，即这一整天都要保持冷静，所以每天清早上课铃响前，都要给自己留一点时间调整心态，深呼吸几下，然后坐在椅子上稍事休息。

现在到了下决心的时刻了，无论这一天发生什么、无论情况多混乱多紧急，你都不能抓狂，而事实上你根本不会抓狂。这个技巧看似简单，但无数专业运动员为了发挥最好的水平，在比赛前都曾以此来暗示自己，因此它绝对有效。

减速

当你的肢体运动慢下来，并达到一个让人舒服的速度时，你的思想也会跟着减速——更加专注、机警，从而更好地回应学生。

当然也不需要像太极拳大师的动作那么慢，也不能慢到把你的热情都消磨掉了，这只是提醒你不要像许多老师一样发疯似的整理试卷、跺着脚走路，或者争分夺秒地完成任务。

声音平静

老师在发出指令、讲解课程内容和回答学生的问题时，最好用平静的声音讲话。这样能够抚慰紧张的神经，帮助学生专注于你和你所传授的知识，让他们相信你说的话是重要的，值得他们认真听讲。

然而到了课间，就不需要使用这条规则了，前一秒你可能还在张大眼睛入迷地低语，下一秒也许就像詹姆斯·厄尔·琼斯[①]那样演讲了，内心的冷静并不意味着外表的冷淡和毫无生气。

---

① 詹姆斯·厄尔·琼斯（James Earl Jones，1931年1月17日–），美国演员。

呼吸

深呼吸具有神奇的魔力，会使你的血压迅速下降，表情瞬间放松，紧张感也就消失了，每隔一小时深呼吸几下，紧张感就会在你的课堂销声匿迹。

氧气是人体主要的能源和脑动力，当你意识到自己在呼吸时，不仅可以放松神经、增强神经敏锐度、理清思绪，还让你具备了安抚和影响学生的能力。

准备

有种说法认为只要身体放松，精神就无法紧张，就算它说的是事实，这种状态也很难达到。相反，只要精神上得到放松，身体也会跟着灵魂走。

最便捷的做法就是在精神上做好准备，留出额外的几分钟来回顾课程计划，想象这一天如何运行，自己如何平静、自信地对待学生。

静水流深

过于兴奋是导致学生违纪的主要根源之一，这很大一部分是由老师造成的。老师马不停蹄地忙着、思维跳跃、不确定、没有准备好、压力过大，这些常见的行为会给教室制造一种紧张的气氛，刺激学生的兴奋点。

这让他们仿佛被吊在过山车的最高点，永远也下不来了，因此他们会坐立难安，无法集中精神，只想不停地乱动、聊天、玩耍、打闹等等——除了听讲。

但你具备改变这一切的能力，能够让这一潭活水恢复平静。其实不过是换了一种思维方式，只需要简单地调转航向。

然后乘风破浪，直济沧海。

方法45

优秀课堂管理者应有的7种态度

标签：课堂管理 个人魅力

读者来信中最常见的一个问题就是，“怎样对待那些弱势家庭的孩子？”这个问题从未难倒过我，因为实际上“智能课堂管理”（Smart Classroom Management）博客上，以及本书中的每一条建议都是在成长条件最恶劣的孩子身上实践而来的，条件之恶劣、犯罪之猖獗、环境之贫困，是你难以想象的。

其实，课堂表现与学生的出身以及教学的地点无关，真正阻碍老师实现梦想的是消极的态度。

因为如果你不相信自己能够改变学生，如果你把责任都归咎到外部的环境，或者习惯于抱怨学生的出身和教学的环境，那么你就无法实现这一切。用失败主义的视角来看待问题，你将一事无成，而你的职业生涯注定会布满坎坷和失望。

下列7条原则是优秀的课堂管理者需要具备的态度，如果你能好好运用，那么借用一句梭罗[①]的话，你就可以“在寻常小事中获得意想不到的成功”。

你必须相信它

为了打造你理想中的课堂，你必须深深地相信你可以——不仅是一种可能，而是注定的结局。下定决心实现你梦想中完美的教学体验，把这个画面深深地烙在你的脑海里，相信它，直到一切都变成现实。

你必须相信学生

许多老师还没上战场就已经被打败了，因为他们对自己的学生不抱任何希望，而只要老师产生这种错误的想法，你和学生就真的没救了。相反，如果你能看到学生好的一面，认为一切皆有可能，一心想着你对他们的希望——就会梦想成真。

你不能再找借口了

老师难免会把学生的错误归咎于他们的成长环境，把父母、社区氛围，甚至学校当成班级秩序混乱的借口。不错，你随时可以把这些替罪羊揪出来为你背黑锅，然而找借口——甚至只是有了找借口的想法——就等于放弃了学生和你自己。

---

① 亨利·戴维·梭罗（Henry David Thoreau，1817–1862），19世纪美国最具有世界影响力的作家、哲学家。

你必须担起责任

不管遇到什么困难，你都要为教学的成功和失败负责，无论你是直接还是间接导致了问题的发生，都应该好好反思。为教室这一亩三分地里的所有事负责，会让你瞬间变成一个更优秀、更高效的老师。

你必须坚持正确的事

偶尔你也会厌倦了履行规则和惩戒、坚持每一个细节，或者总有那一瞬间就想睁一只眼闭一只眼了事。但是既然做了老师，不管你愿不愿意、不管你觉得这件事多么无伤大雅，或者即使到了学期末的最后一分钟，你都要咬紧牙关坚持这一切。

你必须排除干扰

你周围总是不乏一些指手画脚的老师，告诉你这儿做得不好，那儿做得不对。数落其他人的失败一直都是老师们茶余饭后的谈资。如果你每个都听，你会发现自己一无是处。他们的建议也许是正确的，但只是对他们自己管用，并不适用于你。

你必须把自己当成一名学生

学生对老师的行为和课堂管理原则都会有既定的回应，因此坚持那些有效的做法你就会获得成功。但作为老师，必须不断地进步，要投入时间学习真正有效的课堂管理策略，并了解每个策略间的关系，要知道对课堂管理一知半解可能会起到反作用。

你一定会成功的

当周围所有人，包括关系最近的同事都认为你是精神错乱——或者太过天真时，你的确很难保持积极的心态。但其实是他们都错了，世界上有许许多多的老师，他们的教学环境之艰苦是我们难以想象的，如果他们都能享受教学的乐趣，你也一定会成功的。

你可以打造一个自己和学生都向往的课堂，你可以为学生提供一个可以停靠的避风港，你可以传授令学生终身受益的爱、激励和经验。

但你必须标新立异，做他人所不能。忽略那些不认可你的声音，把所有盘旋在你脑海里的不自信和负面想法打包丢走——道一声再见。

危急关头你必须挺身而出。

因为学生们需要你。